북한 선교전략
아래로부터의 변화

문광서원

말씀으로 하나님의 빛을 전하다.

"문서를 통해 하나님의 빛"을 전하는 문광서원(文光書院)은 복음의 불모지였던 조선을 위해 문광서원을 세우고 최초의 한글 성경을 번역하여 보급했던 존 로스 선교사의 귀한 뜻과 정신을 이어받아 복음이 제한된 곳에 말씀을 보급하고 전하는 사명을 감당합니다.

북한선교전략
아래로부터의 변화

초판발행 2019년 06월 24일

지은이 유석렬
펴낸이 유석렬
펴낸곳 문광서원
주 소 서울 용산구 한남대로 41-6
출판등록 제 2010-000074호
대표전화 02)797-8846
홈페이지 www.munkwang.com
E-mail munkwangbooks@gmail.com
ISBN 978-89-98232-40-5

머리말

북한의 변화는 최근 정치, 경제, 외교, 남·북관계 등 사회 전반에 걸쳐 방대하게 감지되고 있다. 3차에 걸친 남·북정상회담을 비롯하여 남·북관계가 열풍을 일으키고 있으며 북·중 국경지역은 물론 북한 전역에 걸쳐 광범위하게 한국 영상 매체가 유통되고 있다. 강원도 고성, 사리원, 남포, 청진, 함흥 등의 지역에서는 한국 방송이 직접 수신되기도 한다.

김정은 북한 노동당 위원장은 2018년 신년사에서 평창올림픽을 "민족의 위상을 과시하는 좋은 계기"라며 "동족의 경사를 같이 기뻐하고 서로 도와주는 것은 응당한 일"이라고 했다. 그러면서 "올림픽 대표단 파견을 포함해 필요한 조치를 취할 용의가 있다"며 남·북 당국이 시급히 만날 수도 있다고 했다.

김정은은 2017년까지 한국과 미국에 보여주었던 태도를 확 바꾸었다. "대북 적대시 정책을 폐기하라"며 피 말리던 미국에 "전쟁 억지력을 확보했다"며 짐짓 여유를 보이기도 했다. 대화에서 빠지라던 한국에는 "북남이 한반도에서 전쟁을 막자"며 러브콜을 보내기도 했다. 그의 태도는 예측불허지만 전략 목표를 향해서는 일관적이다.

북한의 변화에는 촉진요인과 제약요인이 함께 있다. 촉진요인으로서는 외부 영상매체가 확산되고 있고 휴대전화 개통이 위력적이며, '시장사회주의'와 '종합시장'이 체계화되고 있다. 또 외부정보의 유입으로 주민들의 가치관이 변하고 있다. 북한 변화의 가장 큰 제약요인은 이른바 '최고존엄'의 가계를 이루는 허황된 '백두혈통' 문제이다. 이 문제를 극복하지 못하는 한 북한의 변화는 피상적일 수 밖에 없다.

북한의 변화를 위한 가장 긴급한 처방은 복음으로 '백두혈통'을 무력화시키는 것이고, 한국교회가 북한 정권이나 조선그리스도연맹이 아닌 북한 주민들을 상대로 적극적인 선교전략을 펴는 것이다. 한국 교회들은 성경말씀을 북한에 침투시키는 방법으로 북한에 성경을 보내고, 복음풍선을 날리고 대북방송을 강화시켜야 한다. 아울러 재중 탈북 동포들의 신앙훈련, 탈북 여성 보호와 '보따리 장사' 기획 등을 통해 북한에 하나님 말씀을 침투시켜야 하는 것이다.

한동안 한국 정부는 '아래로부터' 북한의 변화전략을 내려놓고 북한 스스로 변할 수 있도록 하는 '위로부터' 변화에 편승했다. '위로부터'의 변화를 통해 평화, 화해, 협력, 통일을 끌어내는 것이었으나 얻은 것은 없었다.

북한의 변화는 '아래로부터' 즉 북한주민들로부터 이뤄져야 한다. 북한에 하나님 말씀을 침투시키고 두만강을 건너 온 탈북 동포들을 모아 기간별로 신앙훈련을 시켜 북한에 들여보내 지하교회 지도자로 활동케 하는 것이다.

북한이 복음화되어 주민들이 자유, 인권, 평화에 눈이 띄어 전체적인 힘으로 발전시켜 나갈 때, 독재체제가 무너지고 사람이 사람다운 생활을 하는 '아래로부터'의 변화는 그 결실을 맺게 될 것이다.

평창 동계올림픽을 계기로 남·북한 간에 특사가 교환되는 등 급진전되는 모습을 보이고 있다. 기대를 가지고 환영을 하면서도 한편으로는 우려되는 바도 적지 않다. 북한의 특사 김여정은 "문 대통령을 빠른 시일 안에 만날 용의가 있다. 편하신 시간에 북을 방문해 주실 것을 요청한다"는 김정은의 친서를 전했다. 김정은을 만난 남측 특사단은 비핵화를 위한 미·북 대화를 촉구하고 남·북정상회담에 대한 답을 얻었다. 미국은 북한이 비핵화 의제를 미국과 논의할 수 있다고 밝힌 것에 주목하며 중대한 진전이라고 평가했다.

이런 가운데 제 3차 남·북정상회담을 지난 해 4월 말 판문점 남측 평화의 집에서 열기로 남과 북이 합의했다. 앞선 두 차례의 정상회담과 다른 점은 남 · 북정상이 만난 장소가 평양이 아닌 남측 평화의 집이라는 것이다. 남과 북은 군사적 긴장 완화와 긴밀한 협의를 위해 정상 간 핫라인을 설치하기로 했다. 3차 정상회담의 핵심의제는 비핵화를 비롯하여 남·북한 군사 긴장 완화와 경제 협력 문제가 중점적으로 다뤄졌다. 북한이 비핵화를 실현한다면 6·25 휴전 당사국들이 함께 종전을 선언하고 평화 협정을 맺는 방안을 논의한다는 것이었다.

앞으로 남·북관계 진전을 위해서는 북한이 대화에 성의 있는 태도를 보여야 하고 그렇지 않으면 대북제재는 지속되어야 한다. 핵 보유국임을 강조해 온 김정은이 비핵화 문제에도 태도변화를 보일지 아직은 미지수다. 따라서 한·미는 북한이 비핵화를 위한 실질적인 조치를 취하지 않는 한 북한에 대한 제재와 압박은 계속 될 것임을 강조했다. 정부는 정상회담을 통해 북한의 비핵화 완료와 함께 평화협정, 특히 미·북 수교를 이루는 큰 틀의 합의를 만들어 내자는 구상이다.

북한과 핵 문제 논의를 위해 정상들이 한두 번 만나 모든 문제를 해결할 수 없다. '악마는 디테일에 있다'고 한다. 북한은 매우 깐깐하게 무리한 것도 요구할 것이기 때문에 전문 협상가들이 앞장서 이끌어 나가야 한다. 남·북 대화의 결과로 나온 한반도 평화체제가 서해 북방 한계선(NLL)의 법적 근거를 사라지게 할 수도 있음에 유의해야 한다.

앞으로 북한이 비핵화에 나설 가능성은 그리 크지 않다. 국제사회의 고강도 대북제재가 북한 경제에 심각한 타격을 주고 있는 것은 사실이다. 그러나 문제는 미·일·러 권력 관계에서 중국의 태도가 바뀌어 대북제재를 완화시킬 수 있다. 지난 3월 26~27일 중국이 김정은 위원장을 느닷없이 초청한 의미도 간과해서는 안된다. 정부는 회담개최 자체를 성과로 생각지 말고 안보 등에서 손에 잡히는 실질적인 성과를 내야 한다. 김정은에 대한 정확한 정보를 바탕으로 냉철한 평가가 쌓여야 결국 비핵화 타결의 가능성도 높아질 것이다.

가장 바람직한 것은 북한이 핵을 버리고 미·북 수교와 제재 해제를 얻는 것이 살 길이라는 전략적 판단을 내리는 것이다.

김정은이 핵 도발에는 성공을 거두었을지 모르지만 내부체제는 강력한 단속에도 불구하고 분명히 동요를 보이고 있다. 강도가 높아지는 국제제재는 김정은 집단을 내부에서 고립시킬 뿐만 아니라 북한 고위급 간부들과 상류층의 망명이 줄을 잇게 할 것이다. 최근 북한 외교관들의 망명이 잦아진 것은 김정은 체제에 대한 회의감과 실망감이 커졌기 때문이다.

김정은 체제를 떠받치고 있는 북한 주민들이나 상층부 지지 세력들의 대대적인 체제 일탈 조짐이 나타나고 있다. 이는 결국 권력 엘리트층의 대규모 이반을 불러와 체제 내부 붕괴의 길을 재촉할 것이다. 북한 주민들의 체제 일탈과 외부 세계와의 접촉이 은밀하게 이뤄지고 있는 상황에서 북한 복음화의 문은 어느 때보다 크게 열려 있음에 주목해야 한다.

이 책은 5부로 나뉘어져 있다. 각 부는 2~4장으로 구성되어 있으며 각 부 또는 각 장 말미에는 '우리의 기도'로 마무리 되어있다. 북한의 정확한 실상을 마음에 품고 통일과 북한선교를 위한 기도에 도움을 주기 위해서이다.

제 1부는 도입부분으로써 '급변하는 북한'을 외교적 관점에서 다루었다. 일반적 변화 양상과 북한 변화의 의미, 북한 변화의 촉진요인과 제약요인을 분석했다. 북한 변화를 위한 이론적 선교전략과 구체적인 전략을 다루면서 북한의 변화가 '아래로부터' 유도해야 함을 피력했다. 이어서 기독교에 대한 북한의 탄압정책을 역사적으로 관찰하였다.

제 2부에서는 '남·북관계 변화와 평창올림픽 개최평가' 에 대한 남·북관계가 특사를 교환하고 정상회담을 하는 등 급진전되는데 대한 기대와 우려를 분석했고, 특히 평창 동계올림픽 개최와 관련 남·북한 간의 협력부분과 갈등 측면을 다루면서 북한의 평창 올림픽 참가전략과 한국의 평창 올림픽을 통한 대북 전략을 심층 분석했다.

제 3부는 '정상회담을 통해 본 북한의 변화' 측면을 분석했다. 남·북정상회담 평가와 과제를 분석하고 미·북 정상회담의 의미와 과제를 다루었다. 이어서 북·중 정상회담이 양국 관계를 밀착시키는 단초가 될 수도 있다는 분석을 내놓았다.

제 4부에서는 '변화 속의 북한선교 핵심전략' 을 이론적 측면에서 분석했다. 결론적으로 북한 체제는 억지 논리의 사이비 종교 집단으로서 이는 주체사상 등 정치 이념에서 그대로 나타나 있음을 분석했다. 북한의 주체사상은 기독교 사상을 인용하면서 종교적인 색채를 강화시키기도 했다. 따라서 북한선교의 핵심 전략은 사이비 종교에 기초를 둔 '수령교' 를 타파하는 것이며, 또한 북한 선교와 통일의 최대 장애인 북한의 신정체제를 극복하는 것임을 강조했다.

제 5부에서는 한·미 동맹에 대한 올바른 이해를 촉구하였다. 최근 들어 한·미 간에는 대북 견해와 관점에서 충돌하는 사례가 늘고 있다. 대북정책에 대한 한·미 시각과 입장의 차이를 정치, 경제, 문화, 외교 면에서 보이고 있다. 한·미 공조로 입장의 차이를 조율해야 한다. 한·미는 북한을 처벌이 아닌 활용의 대상으로 삼아야 한다. 또 한·미는 북한의 농축우라늄의 실체를 밝혀야 할 것임을 강조했다. 마지막으로 '우리의 기도' 로 5부를 마감했다.

앞으로 이 책이 민족의 통일을 준비하고 북한 선교를 위해 기도하고 준비하는 모든 동역자들에게 읽혀지기를 바란다. 북한이 전세계가 지탄하는 핵 실험을 하고 장거리 미사일을 발사함으로써 주변국들을 위협할 수는 있을 것이나 결코 전쟁에서 이기지는 못할 것이다. 북한과 화목하기가 견고한 성을 취하기보다 어렵겠지만(잠 18:19) 틀림없이 통일은 도적같이 올 것(살전 5:2)이다. 이 진실을 알리는 것이 통일을 준비하고 앞당기는 북한 선교의 핵심이다. 이 책이 나올 수 있도록 인도해주신 하나님과 동역하신 모든 분들께 감사드린다.

2019년 봄,
더불어 사역하는 모퉁이돌선교회
이사장 유석렬

추천의 글

유석렬 박사님의 새로운 저서 "북한선교전략–아래로부터의 변화"는 급변하는 북한의 정세 가운데 선교적 관점에서 한반도 통일에 대한 올바른 시각과 북한의 복음화 전략에 대하여 숙고하는 방안을 보여 주고 있습니다.

과거 한국교회는 보수든 진보든 열정을 갖고 대북사업을 진행했고, 최근 다시 한국교회가 인도주의적 대북지원을 선도해주길 바라며 한국교회가 평화통일의 동반자가 되어주길 기대한다며 교회의 역할과 참여를 요구하는 경향이 두드러지고 있습니다.

이러한 시점에서 유석렬 박사님은 최근 여러 상황으로 보여 주는 북한의 변화에는 촉진요인과 제약요인이 함께 있다며 이 문제를 극복하지 못하면 북한의 변화는 피상적일 수밖에 없음을 지적하고 있습니다.

오늘날 북한을 바라볼 때 '한반도 적화통일'과 미사일 발사, 핵실험 등 실제적인 위협이 존재하지만 북한선교를 위해서는 또 다른 방편으로는 선교대상으로 보고 지속적인 선교적 노력을 기울여야 할 것입니다.

2018년 이후 남·북정상회담과 미·북정상회담을 거듭 개최해오면서 지금은 북한선교 영역이 중도주의가 되었다고 주장하는 사람들도 있습니다.

북한의 비핵화와 미사일 발사 중지가 국제적인 문제이자 국제적 관심사에서만 풀릴 수 있는 것과 마찬가지로 북한선교에 대해서도 "이념적·안보적· 외교적 남·북관계를 넘어선 통합적 선교사역으로, 국내외적으로 통합적, 총체적으로 접근하여 풀어나가야 한다"고 주장하는 사람들도 있습니다.

이러한 다양한 상황과 역사의 현실 속에서 우리 기독교인들은 삶의 모범과 끊임없는 선교의 열정을 사교 집단 종교 국가 형태인 북한의 조직과 집단에 질린 북한 동포들을 하루 속히 구원해 내야 할 책임이 한국 교회와 성도들에게 있습니다.

우리의 인위적인 노력이나 인도적 구호의 선행에 앞서 오로지 성령에 의지하는 것만이 북한 주민들과 북한이탈주민들에게 진정 복음의 기쁜 소식을 전해줄 수 있을 것입니다. 북한선교에서의 성령 역사와 북핵 문제 해결, 한반도 및 동북아의 평화를 위해 더욱 기도해야 할 때입니다.

아울러 북한의 정세와 북한의 변화와 북한 주민의 기독교 인식에 대한 정확한 이해를 통해 지금 뿐만 아니라 통일 이후까지도 준비하고 북한의 복음화 전략을 위해 지속적인 노력을 기울여야 할 것입니다. 이를 위해서 유석렬 박사님은 북한 정세와 기독교 선교전략을 모색하는 연구를 끊임없이 해 오셨고, 금번에 "북한선교전략―아래로부터의 변화"라는 귀한 도서를 발간하게 되었습니다. 금번 발간되는 도서는 향후 북한 선교 전략에 대한 좋은 참고 도서가 될 것입니다.

또한, 유석렬 박사님의 귀중한 사역은 차세대의 통일교육을 위한 새로운 모형과 선교전략에 적용가능성을 예시하는 풍부한 지식서로 많은 분들께 소개하고 추천을 합니다. 감사합니다.

신풍교회 담임목사 김연규 감독

차례 북한선교전략 아래로부터의 변화

Ⅰ. 급변하는 북한

1. 북한의 변화-선교적 접근

2. 북한의 기독교 정책, 그 실상을 알아본다

1

급변하는 북한

1. 북한의 변화-선교적 접근

1) 일반적 변화 양상과 북한 변화의 의미

일반적으로 체제의 변화는 사회 지도층이 이끄는 '위로부터'의 변화, 주민들이 주도하는 '아래로부터'의 변화 그리고 외압에 의한 '옆으로부터'의 변화 유형이 있다. 북한과 같은 1인체제의 전제국가의 변화는 극히 제한적이거나 '위로부터'의 변화 또는 변화 자체를 부정한다. 변증법적 발전은 '모순'이 있어야 하는데 모순을 인정하지 않는 김일성 수령이 제시한 주체사상은 변화 자체를 거부하기 때문이다.

북한식 체제 변화의 유형은 '우리식 사회주의'와 '수령의 교시'를 고수하는 것으로서 주체사상의 요구대로 사고하며 일해 내는 것을 모토로 삼고 있다. 이런 체제에서 북한이 개혁, 개방으로 변한다면 그것은 북한 수령체제의 붕괴이며 당 중심으로 결속된 기득권층의 자멸을 의미한다. 따라서 북한이 변화의 조짐을 보인다면 그것은 체제에 영향을 주지 않을 극히 제한적이고 선별적인 변화일 수밖에 없다.

2) 북한 변화의 촉진-제약요인

(1) 북한 변화의 촉진요인

첫째는 외부 영상매체의 확산이다. 한국 영상매체인 한국 드라마와 영화의 북한 유통경로와 주민들의 의식 변화를 고찰한 『한류(限流), 북한을 흔들다』를 살펴보면 2011년 북한에서 한국 영상 매체를 시청한 횟수에 대한 질문에 놀랍게도 매일 보았다는 응답이 34%, 한 달에 한두 번 시청한 비율이 41%이다.[1] 평양의 경우 다른 지역에 비해 컴퓨터를 가진 주민들이 많아 외장하드나 USB에 영상물을 담아 시청하는 사람들도 있다고 한다.

둘째는 휴대전화 개통의 위력이다. 북한에 휴대전화가 등장한 것은 2002년이다. 서비스 개시 직후 1,694명이던 가입자는 오늘날 400만 명에 육박한다. 북한이 체제 이탈에 대한 부담을 감수하면서 휴대전화 보급을 허용한 이유는 재정적으로 도움이 되기 때문이다. 이처럼 북한에서 휴대전화 사용이 대중화되면서 북한 주민들의 접촉 범위가 넓어지고 있다. 외부 정보를 폭넓게 접하게 되면서 의식구조가 빠르게 변하여 개방속도가 빨라질 전망이다.

셋째는 '시장사회주의'와 '종합시장' 체계화이다. 북한 당국은 2002년 12월 9일 그동안 강력하게 통제해 왔던 장마당에서의 공산품 거래와 일반 주민들의 사적인 장사행위를 전면 허용했다. 북한은 계획 경제를 내세우고 있지만, 실제로는 주민 대부분이 장마당 등 자생적 시장을 통해 생계를 이어왔다. 북한은 농민시장을 '종합시장'으로 확대했으며, 평양에서는 국가가 투자하는 시장을 시범적으로 운영했다. 특히 시장과 사회주의를 결합하는 '시장사회주의'라는 용어가 사용되고 있음은 주목할 만하다. 그 동안 기피해 왔던 '경제개혁', '시장' 등의 용어를 공식적으로 사용하기 시작하는

1) 『자유아시아방송』 2011. 3. 25

등 북한에서 시장에 대한 긍정적 인식이 확산되고 있다.

넷째는 주민의 가치관 변화, '돈이면 제일'이라는 의식이다. 사회주의 경제 체제에서는 볼 수 없었던 '저당'과 '고리대금업'이 성행하고 자본주의 상징인 계약문화가 싹텄으며 이자놀이나 먹고 입는 문제를 '암시장'에 의존하는 추세가 일반화 되었다. 국가관에도 변화가 나타나 사회주의 체제에 대한 신념이 점차 희박해지고 무사안일 또는 보신주의가 만연하다. 미국 국제 전략 문제 연구소는 북한 내에서 시장 요소의 확산으로 중산층이 형성되면, 맹아적 형태의 시민사회도 가능할 것으로 내다봤다. 정보유입과 의사소통 확대가 궁극적으로 권력의 통제를 막고 새로운 체제 변동의 기폭제가 될 수 있다는 분석이다.[2)]

다섯째는 외부정보의 유입으로 북한 주민이 변하고 있다. 북한은 여전히 폐쇄적이긴 하지만 20여 년 전과 비교해 보면 놀라울 정도로 개방화가 진행되었다. 북한의 개방은 북한 정권의 의지와는 상관없이 시작되었다. 1990년대 중반 대홍수로 인해 목숨을 걸고 국경을 넘나드는 사람들이 생겨나면서 외부정보가 유입되기 시작했다. 또 생존을 위해 밀무역이 증대하고 장마당이 활성화 되었으며 장마당에서는 외국산 공산품들이 유통되었다. 2009년 3차 핵실험 이후 중국 정부가 핵실험 동결의 대가로 다방면의 경협확대를 요구하면서 북·중 무역 증가와 함께 사람들의 교류가 확대 되어 20여만 명 이상의 북한 주민들이 정식비자를 받아 중국을 방문하게 되었다. 북한 당국이 여전히 외부로부터의 정보유입을 철저히 막고 있지만, 북한 주민들은 현재 400만 대 이상 개통된 휴대전화를 통해 직. 간접적으로 외부 소식을 접하고 있다.

2) 『조선일보』 2015. 12. 28

(2) 북한 변화의 제약요인, '백두혈통'

북한 통치자들은 '백두혈통'이란 용어를 만들어내 마치 자신이 불변인 신이라도 되는 것처럼 주민들 위에 군림하고 있다. '백두혈통'은 김일성이 백두산 정기를 받고 태어나 북조선 왕국을 창시하고 김정일, 김정은 등 직계 자손들이 대를 이어 북한을 통치한다는 이른바 '최고 존엄'의 가계를 이르는 허황된 용어이다. '백두혈통'을 이어 받지 못하면 '최고 존엄'이 될 수 없으며, 일단 계승자가 되면 능력 여하를 막론하고 누구도 막아 설 수 없다는 것이다.

북한에는 공산체제나 사회주의 독재체제가 있는 것이 아니고 '주체'라는 교리를 가진 이른바 '김일성교'라는 사이비 종교집단이 있을 뿐이다. 북한의 정치는 '수령'을 받드는 신정체제이기 때문에 '수령'을 인계 받은 이른바 '최고 존엄'이 말한 것은 단 한 글자도 수정할 수 없는 '복음'이요 과학이요, 예술이라는 것이다.[3] 따라서 '백두혈통'인 김정은의 지시는 무조건 복종해야 하는 것일 뿐 일획도 가감할 수 없는 절대적인 것이다.

김정은은 나이가 젊고 정치적인 경력도 일천하기 때문에 권력을 성공적으로 승계하기 위해서는 어느 누구도 자신의 권력을 넘볼 수 없도록 '백두혈통', '최고 존엄'을 내세워 변화를 거부하면서 권력을 유지할 수밖에 없다. 그러나 이러한 통치철학은 전세계 어느 곳에서도 통할 수 없는 시대착오적인 발상이다. 북한 스스로도 이런 진실을 모를 수 없지만, '백두혈통' 승계 구도 밑에서는 유일한 선택이 될 수밖에 없다.

이런 맥락에서 북한의 변화는 신정체제를 바꿔 놓는 '영적전쟁'을 통해서만 가능하다. 사이비 종교집단과 대결하기 위해서는 북한 주민을 신앙적으로 바꿔 놓는 강력한 대북 선교 전략이 필수적이다. 그런데 의외로 한국

---

3) 김일성이 내세운 주체사상은 북한 사람들에게 내재적으로 종교화 되었다.

정부나 국민들이 북한의 직접 접촉을 통한 북한의 변화에 큰 관심을 보이지 않고 있다.

영국 주재 북한 공사를 지내다가 지난해 7월 망명해 온 태영호 국가안보 전략 연구원 자문 위원은 "한국에 와서 가장 놀랐던 건 북한 주민에게 직접 다가가려는 시민단체나 비정부기구가 극소수일 뿐더러 대부분 재정위기에 몰려 있다는 사실"이라며 해외에서 오히려 이런 노력이 활발한 것은 '한국인으로서는 수치스러운 일' 이라고 했다.[4] 북한 주민이었던 사람으로서 한국인이 더 적극적으로 북한 주민에게 다가가는 노력을 해 달라고 당부했다. 더 많은 남쪽의 소식을 북한 내부로 유입시켜 체제 변화의 열망이 일어나게 해야 한다는 것이다.

(3) 변화 조짐인가. 북한 평창올림픽 참가 결정

김정은 북한 노동당 위원장은 지난 1월 1일 신년사에서 다음 달 평창 올림픽을 "민족의 위상을 과시하는 좋은 계기"라며 "동족의 경사를 같이 기뻐하고 서로 도와주는 것은 응당한 일"이라고 했다. 그러면서 "올림픽 대표단 파견을 포함해 필요한 조치를 취할 용의가 있다"며 남·북 당국이 시급히 만날 수도 있다고 했다.

김정은의 이 같은 태도는 지난해 9월 6차 핵실험을 하고, 이어 11월 ICBM으로 평가받는 화성-15형 발사 후, '핵무력 완성'을 선언했던 것과는 다른 모습이다. 또 미국을 향해 '핵 단추가 내 사무실 책상 위에 놓여 있다는 것이 위협이 아닌 현실'이라고 주장했던 태도와는 사뭇 다른 모습이었다.

김정은은 신년사에서 지난 해까지 한국과 미국에 보여줬던 태도를 확

---

4) 『동아일보』 2017. 11. 23

바꾸었다. “대북 적대시 정책을 폐기하라”며 매달리던 미국에 “전쟁 억지력을 확보했다”며 짐짓 여유를 보이기도 했다. 대화에서 빠지라던 한국에는 “북남의 한반도에서 전쟁을 막자”며 러브콜을 보내기도 했다. 그의 태도는 예측 불허이지만 전략 목표를 향해서는 일관적이다.

북한이 평창올림픽에 선수단과 고위급 인사를 포함한 대규모 방문단을 파견하고, 우리측은 필요한 편의를 보장하기로 합의했다. 또 양측은 현 군사적 긴장 상태를 해소하기 위해 군사당국 회담을 열기로 전격 합의했다.

남과 북은 1월 9일 판문점 남측 평화의 집에서 고위급 회담을 열고 10시간 여의 회의 끝에 이 같은 내용의 공동보도문을 발표했다. 이에 따르면 북측은 평창올림픽에 고위급 대표단과 민족올림픽 위원회 대표단, 선수단, 응원단, 예술단, 참관단, 태권도 시범단, 기자단 등을 파견하기로 했다. 남측은 관련 편의를 제공한다. 대표단 방문에 드는 제반 경비 등이 포함될 것으로 알려졌다.

양측은 올림픽 참가와 관련한 실무회담 개최에 합의하고, 추후 일정한 문서를 교환해 정하기로 했다. 역대 최대 규모의 대표단 파견이 예상되는 만큼 최룡해 노동당 부위원장 등이 대표단을 이끌 가능이 거론된다.

남·북은 우리측이 제안한 남·북 군사 당국회담 개최에도 합의했다. 정부는 지난해 7월 17일 군사 당국 회담 개최를 제의하며 “서해지구 군 통신원 복원 후 이를 통해 답을 달라”고 요청해왔지만 북한은 답이 없었다. 또 남·북은 9일 오후 2시 서해지구 군 통신선을 1년 11개월 만에 복원했다. 우리측은 다음날 설 명절에 맞춰 이산 가족 상봉을 열기 위해 적십자 회담 개최를 제의했으나 북측은 답을 미뤘다. 한반도 비핵화 문제에 대해서도 양측은 엇갈리는 입장을 재확인했다.

앞으로 남·북당국 회담 과정에서 북한이 한·미 연합군사훈련 중단 및 취소나 미 전략자산의 한반도 전개 중단을 재차 요구할 것이라는 관측이 나오고 있다.

3) 북한 변화를 위한 선교적 전략

(1) 복음으로 '백두혈통'무력화

통일이나 북한 복음화를 앞당기기 위해서 기독교인들이 해야 할 일은 무엇보다도 북한 사회를 틀어쥐고 있는 우상화 체제인 북한의 '백두혈통'이나 '최고 존엄' 등 신정체제의 개념을 무력화 시켜야 한다. 북한 변화를 저해하는 가장 큰 요인은 김일성, 김정일, 김정은에 이르는 '백두혈통'을 지키려는 북한의 신정체제이기 때문이다. 북한에 신정체제가 건재하는 한 북한을 변화시킬 남·북통일이나 북한 복음화는 불가능하다.

북한의 신정체제인 '백두혈통'을 퇴출시키기 위해서는 '아래로부터'의 변화를 이끌어 내야 한다.[5] 북한의 개혁, 개방, 복음화 등으로 주민들의 민주의식을 고취시켜 '아래로부터' 압박을 주어 수령 독재 체제를 무력화 시키는 것이다. 이 영적 전쟁에서 승리를 거두기 위해서는 복음을 앞세운 기독교인들이 앞장을 서야 한다. 이 전쟁에서 승리를 해야 통일도 이룰 수 있고, 북한을 복음화 시켜 변하게 할 수 있을 것이다.

북한에서는 이미 개방의 바람이 일고 있고, 장마당을 통한 시장 경제가 활성화되고 있어 북한의 '백두혈통' 체제를 침식 시키는 일들이 진행되고 있다. 거기에다 북한의 인권문제 개선을 요구하는 무시할 수 없는 국제사회의 강한 압박이 '백두혈통'의 목을 조인다면 결국 체제는 무너지고 모든 주민들이 주인이 되는 체제가 들어서는 변화가 있을 것이다. 따라서 기독교적인 차원에서도 통일을 앞당기고 고통 받는 북한 주민들을 상대로 구

5) 북한의 지도층을 변화시키는 '위로부터'의 방법은 그 실현성이 없음이 이미 드러났다.

제하고 복음 전하는 일에 적극 참여해야 한다.

'백두혈통' 체제에서 북한 주민들은 정권으로부터 일탈되어 있으며, 김정은의 무차별적 공포정치 때문에 군인이나 정부 관리들도 체제에 대한 충성심이 크게 떨어져 있다. 특히 부정부패가 만연하여 돈이면 죽을 사람도 살리는 풍토가 되었다. 북한의 변화는 한마디로 북한 복음화가 중심이 되어 '아래로부터' 시작해서 '백두혈통'을 깨는 전략이다.

(2) 한국교회의 적극적 선교전략

한국교회의 잘못된 판단은 '지금은 북한 선교할 때가 아니다'라는 생각이다. 김일성, 김정일, 김정은 1인 독재 신정체제가 건재하는 한 모진 핍박과 탄압 밑에서 기독교가 발을 붙일 수 없다고 한다. 그러나 실상은 그루터기 신앙인들을 비롯하여 수십 만 명의 지하교회 교인들이 신앙을 지키고 있다.

북한 선교는 악한 영과 싸우는 영적 전쟁이다. 북한을 잡고 있는 악한 영, 신정체제는 무너지고 북한에 있는 지하교회 성도들이 승리할 수 있도록 총력지원을 해야 한다. 그들을 위해 기도로 힘을 실어주고 성경과 신앙서적, 식량과 생필품, 그리고 생활비를 지원해야 한다.

그 동안 한국교회는 북한 선교는 통일이 된 다음에, 북한에 종교의 자유가 이뤄진 다음에 남·북 관계가 좋아진 다음에 하겠다고 때를 기다려 왔다. 통일이 되면 그때 가서 모아 놓은 헌금을 가지고 평양, 원산, 신의주, 회령, 함흥 등으로 들어가 대형교회를 지어 북한선교에 앞장선다는 것이다. 가서 땅을 차지하고 군림한다는 생각이다. 하나님의 영역을 넓히기보다 내 교단, 내 교회, 한 개인의 관할 영역을 넓히겠다는 것이다. 아주 잘못된 생각이다.[6] 통일이 되고 북한에 종교의 자유가 허락되면 일차적인 영적 전쟁은

---

6) 북한교회 세우기 연합회는 2005년 10월 27일 북한 문이 열리면 10년안에 3000개의 교회 재건을 포함해 1만 5000개의 교회를 설립키로 했다. 『국민일보』 2006. 10. 28

이미 끝난 것이기 때문이다.

(3) 북한 정권이나 조그련을 통한 선교 중단

현재의 북한 독재 체제가 지속되는 한,북한 정부나 그 앞잡이인 조선그리스도교연맹(이하 조그련)을 통한 선교나 지원은 헛된 일일 뿐만 아니라 결과적으로 북한 선교를 방해하고 민족 통일과 고통을 지연시키는 것이다. 그런데 한국 기독교 단체들은 북한 정권의 앞잡이인 조그련을 통한 선교 지원에 앞을 다투어 추진해 왔다.

(4) 구제와 선교는 달라

한때 많은 기독교 단체들이 '조선 그리스도교 련맹(조그련)'을 통해서 봉수교회와 칠골교회에서 예배를 보고 고아원이나 양로원을 방문해 구제물품을 전달하고 북한 선교를 했다고 했다. 조그련이나 고아원, 양로원에 선교비와 물품을 전달했다 하더라도 엄밀한 의미에서 그것은 구제일지언정 선교는 아니다. 선교란, 가서 말씀을 전하고 예수님의 제자를 삼는 것이다. 버려진 한 사람 한 사람의 영혼을 구원하고 예수님의 제자를 삼아 신앙인으로 성장시키는 것이다.[7]

4) 북한 변화를 위한 구체적 선교 전략

(1) 성경 말씀 전파

① 성경투입

북한 변화를 위한 북한 선교의 최대 수단과 무기는 하나님의 '말씀(성경)'이다. 즉 성경을 북한 사회에 침투시키는 것이다. 지난 반세기가 넘게 기독교를 '아편'으로 본 김일성, 김정일, 김정은의 반기독교 정책은 기독교인들의 처형과 함께 성경을 강제 색출해 없애 버렸다. 은밀하게

7) 유석렬 『삶, 신앙, 일의 보람』(서울; 진흥문화사) 2003년 p169~175

보내진 성경 한 권으로 30~40명의 지하교인들이 돌려가면서 손으로 베껴보는 상황에서 그들의 신앙에는 한계가 있을 수 밖에 없다.

"성경은 구원에 이르는 지혜가 있게 하느니라. 이는 하나님의 사람으로 온전케 하려 함이라"고 한 것과 같이 북한 지하교회 교인들에게 구원에 이르는 지혜를 주고, 하나님 사람으로 온전케 하기 위해서 그들에게 성경이 반드시 필요하다는 것을 말해주고 있다.[8] 그러나 성경을 북한에 침투시키는 일은 결코 쉬운 일이 아니다. 재중 동포들의 장사 보따리 속에 넣어 몰래 반입을 시키거나 북한 지하교회 지도자들이 중국 방문 시 그들의 손에 들려 보내기도 하고 비밀 루트를 통해서 은밀하게 침투시키기도 한다. 초기에는 매년 수백 권에서 시작하여 최근에는 수만 권의 성경이 북한에 들어간다고 한다.

2007년부터 '새누리' 북한어 번역 성경이 최초로 출간되어 나오면서 북한에 성경 보내기 활동은 활기를 띠었다. 개인과 단체와 교회가 합심하여 수천 권, 수만 권의 성경을 북한에 보내는 운동이 전개되었다. '새누리' 성경을 받아 본 지하교인이 보낸 편지 속에는 "몇 년 동안 성경공부를 하면서 성경에 쓰여 진 내용을 요절마다 완전 이해하지 못할 때가 많았으나 이제 하나님을 쉽게 알고, 쉽게 이해할 수 있음으로 하나님을 모르고 사는 북한의 양떼들에게 더욱 복음이 쉽게 전파될 수 있어 정말 진심으로 감사, 감사드립니다.", "이 성경책이 몇 년 만 빨리 나왔어도 북한의 성도들에게 복음이 빨리 가 닿았을 것"이라며 새누리 성경을 받아 보지 못한 이들에 대한 안타까운 마음도 표현했다.[9]

② 복음풍선

북한주민들에게 하나님의 말씀을 읽게 하는 또 하나의 방법은 '복음풍선'

---

8) '디모데후서'3장 15절~17절

9)『크리스천 투데이』 2007. 2. 7

을 그들에게 날려 보내는 것이다. 성경 '마가복음' 전체의 내용이 인쇄되어 있는 주황색의 이 풍선 전도지는 재질이 특수해서 쉽게 찢어지지 않고 들판에서도 2년 정도 보존이 가능하다. 풍선 전도지는 남쪽에서 북쪽으로 부는 바람에 실려 북한에 보낸다. 5~8월이 풍선을 보내는 적기이기 때문에 컴컴한 밤에 휴전선 부근에서 헬륨가스를 풍선에 넣어 날려 보낸다.

하늘 높이 올라간 풍선 전도지는 가깝게는 개성이나 해주에 떨어지고 멀게는 선천, 함경북도까지 날아간다. 구체적인 반응을 일일이 확인할 수는 없지만 함경도 한 지역에서 지하교회 할머니가 풍선 전도지를 붙들고 "남한의 성도들이 아직도 우리들을 기억하고 있음에 감사한다"는 고백을 전해들을 수가 있었다.

③ 대북방송

말씀을 직접 볼 수 없는 북한 지하교회 성도들을 위해 방송을 통해 말씀을 듣게 하는 것이다. 모퉁이돌선교회에서는 말씀을 직접 볼 수 없는 북한 성도들을 위해 '광야의 소리' 방송을 하고 있다. 전문가들을 동원하여 프로그램을 제작하고 탈북 동포 중 방송사에서 일한 경력이 있는 기독교인을 선정, 녹음을 해서 매일 정한 시간에 북한 지하교인들을 위해 방송을 하고 있다. '광야의 소리' 방송은 중국에서 복음을 듣고 훈련되어 북한으로 돌아간 성도들과 북한 지하교회 교인들이 지속적으로 하나님 말씀을 들을 수 있게 하기 위함이다.

이 방송에서는 탈북 동포 사역자들이 중심이 되어 예배 순서를 맡고, 눈물로 기도하고 찬송하며 눈물겨운 신앙 간증과 설교가 이어진다. 뜨거운 감격이 없이는 함께 할 수 없는 구별된 장소이다. 이 방송을 통해 북한 지하교회 교인들을 비롯한 북한 주민들에게 하나님의 말씀을 직접 듣게 하여 신앙교육을 시킬 수 있고, 종국적으로 북한 전체 주민들의 의식구조를

크게 바꾸어 북한을 변화시키는데도 일익을 감당하고 있다.[10)]

(2) 재중 탈북 동포 신앙 훈련

재중 탈북 동포들에게 신앙으로 양육하고 훈련을 시켜 북한으로 돌려보내 지하교회를 이끌어 나가도록 한다. 모퉁이돌선교회에서는 북한에 3,500개 지하교회 개척을 목표로 이 사역을 꾸준히 감당 해오고 있으며 이제까지 2,540여 명의 탈북자를 훈련시켜 북한에 보내 1,800여 개의 지하교회가 세워졌다.

북한에서 중국으로 나오는 탈북 동포들을 구분하여 단기교육이 필요한 사람들에게는 1주일 이내, 장기교육이 필요한 탈북 동포들에게는 2~3개월 하나님 말씀을 가르쳐 알게 하는 등 신앙 훈련을 시키고 있다.

먼저 중국에 잠시 나왔다 북한으로 돌아가는 탈북 동포들에게 말씀을 가르쳐 알게 하고 2~3일 내에 필요한 물건들을 준비하고 돈을 마련하여 돌아가도록 한다. 이 사역은 주로 두만강 건너 바로 중국 측 허름한 농촌 집에서 이루어진다. 북한으로 돌아가는 이들이 필요한 것은 굶주림과 심한 상처를 가진 채 중국에 도착했을 때, 우선 사랑으로 보살피고 먹이고 입히는 것과 지극히 초보적인 것이지만 하나님의 말씀을 가르쳐 알게 하는 것이다. 그리고 북한으로 다시 돌아갈 때 필요한 식량과 물품과 성경 등을 주어 보낸다

장기간 중국에 나와 있는 탈북 동포들 중에서 예수 믿고 구원받아 하나님 말씀을 좀 더 깊이 있게 알기를 원하는 이들에게는 별도의 집중 관리, 보호를 통해서 일주에서 6주 안에 말씀을 가르쳐 생필품과 생활비를 주어 북한으로 돌려보낸다. 특히 탈북 동포들 중 신실하게 사역에 종사

---

10) 모퉁이돌선교회 홈페이지 (http://cornerstone.or.kr)에서 직접 방아의 소리 방송을 들을 수 있다.

할 수 있는 이들을 선별하고 지도자 과정의 교육을 받게 한다. 교육 후 북한에 돌려보내 북한에서 지하교회 사역을 감당케 한다.

한편 탈북 동포들 중에는 어떤 이유에서든지 북한에 다시 돌아갈 수 없는 기독교인들이 있다.

이들은 어떤 방법으로든지 중국 안에서 정착할 수 있도록 도와야 한다. 중국말과 기술을 가르쳐 중국 호구를 얻는데 도움을 주고, 특히 이들은 탈북 동포들을 신앙으로 훈련시키고 하나님 양육시키는 일을 지속적으로 감당케 한다.

(3) 탈북여성 보호기획

탈북여성 보호기획은 탈북 여성들을 보호하는 특별 기획으로서 인신매매나 매춘 등을 방지하고 그들에게 신앙 훈련을 시켜 말씀에 '의지', 강인하게 살아가도록 하려는 것이다. 탈북 여성들은 중국에서 자신도 모르게 농촌 정신 지체자, 노총각이나 가난한 산골 총각에게 팔려간다. 자신은 농촌에서 농사일을 돕는 줄 알고 안내를 받아 찾아갔으나 중국 남자들에게 팔려가 노예처럼 살기가 일쑤다. 중국 정부의 보호를 받지 못하는 탈북 여성들이 한때 3만 명이나 되고 중국 남자와의 사이에 난 아이들이 3,000~5,000명이 된다고 한다.[11)]

탈북 여성들은 성폭행, 강제 결혼, 원치 않는 임신, 부인과 질병에 노출되어 있다. 강제 결혼 이후에도 남편과 시댁 식구들의 무시와 구타, 경제적 어려움, 북한 거주 가족에 대한 그리움, 불법체류 신고 협박 및 체포, 송환의 두려움에 떨어야 한다.

---

11) 중국인과 결혼한 탈북 여성들은 모두 불법체류자의 신분이며 아이들도 같은 신분이다.

이러한 탈북 여성들을 보호하고 신앙심을 넣어주어 말씀에 '의지'해 강인하게 살아가도록 훈련을 시키는 것이다. 중국 정부의 눈을 피해 이들에게 경제적인 도움과 함께 작은 그룹으로 신앙 훈련을 시켜 기도와 말씀으로 살아가도록 이끌어 준다. '호구'가 없어 정규교육을 받을 수 없는 2세들에게 교육을 받도록 도와주고 어려서부터 신앙 훈련을 시켜 하나님의 일꾼으로 양육시킨다.

(4) '보따리 장사' 기획

그 동안 중국에서 신앙훈련을 받고 북한으로 돌려보낸 많은 기독교인들이 은밀하게 지하교회를 세우고 목숨을 다해 복음 전파 사역을 감당하고 있다. 한편 중국에 있는 많은 조선족 기독교인들이 보따리 장사로 성경이나 신앙서적을 북한으로 몰래 숨겨 가지고 들어가 장사하면서 북한 주민들을 만나 은밀하게 선교를 하고 있다. 중국에서 사역하는 선교기관들은 이들에게 물품 구입 자금을 지원하고 성경과 신앙서적을 공급해 주어 하나님 말씀을 전하는 선교 사업을 한다.

보따리 장사로 가장한 기독교인들은 북한 거주 친인척들을 한 사람씩 만나 생필품을 제공해 주면서 예수님과 하나님을 소개하고 주기도문과 사도신경, 십계명 등을 가르쳐 주면서 복음을 전한다.

'보따리 장사' 기획을 통해서 북한에는 이미 수많은 지하교회가 생겨났으며, 새로 조직된 지하교회는 한국의 선교사들과 직접 간접적으로 연결되게 하여 도움을 주도록 하고 있다. 필자가 중국에서 만난 조선족 보따리 장사로 가장한 북한 선교 사역자들은 매월 2회 정도 물품을 준비하여 북한에 들어가 전도를 하는데 '얼마 전부터는 경제적인 이유로 월 1회밖에 갈 수 없다'고 안타까운 심정을 토로했다.[12)]

12) 보따리 장사로 1회 북한을 들어가면서 적어도 당시 중국 돈으로 500원이 있어야 한다는 것이 있나.

5) '아래로부터' 북한 변화 유도해야

북한이 변화를 거부하고 주체사상에 매달려 현지지도에 의존하는 한 북한 경제의 몰락은 불가피하다. 북한이 개혁, 개방을 외면하고 체제 유지를 위한 '위로부터'의 변화에 매달릴 수 있었던 것은 북한 자체의 힘보다 한때 한국의 지원에 힘입은 바 컸다.

한동안 한국 정부는 '아래로'나 '옆으로부터' 북한 변화 전략을 내려놓고 북한 스스로 변할 수 있도록 하는 '위로부터' 변화에 편승했다. 북한을 해치거나 흡수할 의사가 없으며 가능한 분야부터 화해와 협력을 추진했다. 남·북 경협이 활성화되어 남·북 주민이 자유로운 상호 왕래를 하면 그것이 바로 '사실상의 통일'이라는 것이다. '위로부터'의 변화를 통해 평화, 화해, 협력, 통일을 끌어내는 것이다.

남한의 종교 및 NGO 단체들도 지난 30년 동안 구제와 선교를 앞세워 '위로부터'의 북한 체제 변화를 추구했다. 인도적 차원에서 헐벗고 굶주린 북한 주민들을 구제하는 것은 우리의 사명이다. 그러나 이제까지의 구제사업은 투명성이 문제였다. 북한 정권을 통해 구제가 이뤄질 수밖에 없고, 지원해 준 구제물품이나 현금의 정확한 행방을 아는 사람이 없다.

북한의 변화는 '아래로부터' 이뤄져야 한다. 북한에 성경을 보내고 복음풍선을 띄우고 북한 주민들을 상대로 '광야의 소리' 방송을 계속하는 것은 이 때문이다. 두만강을 건너온 탈북 동포들을 모아 기간별로 신앙훈련을 시켜 북한에 들여보내 지하교회 지도자로 세운다. 탈북 여성들을 보호하여 직업교육과 신앙훈련을 시켜 북한으로 돌려보내고 조선족 보따리 장사를 통해 북한 복음화에 앞장서는 것은 북한을 '아래로부터' 변하게 하려는 것이다.

북한이 복음화되어 주민들이 자유, 인권, 평화에 눈이 뜨여 전체적인 힘으로 발전시켜 나갈 때 독재체제가 무너지고 사람이 사람다운 생활을 하는 '아래로부터' 변화는 그 결실을 맺게 될 것이다.

6) 우리의 기도

북한의 핵과 미사일발사로 인해 강도 높은 대북제재가 계속되는 상황에서 남·북한 관계 변화에 따른 최적화된 북한선교 접근을 모색할 수 있는 지혜를 구하며 기도합니다.

첫째, 북한 변화에 필요한 내외적인 환경이 급진적으로 확장되고 활발히 이뤄지게 하옵소서.

고린도전서 15장 52절에 "나팔 소리가 나매 죽은 자들이 썩지 아니할 것으로 다시 살아나고 우리도 변화되리라" 말씀하신 주님, 외부영상매체가 북한내부로 빠르게 확산되고, 휴대전화 개통이 기하급수적으로 이뤄지며, 시장경제가 활성화되어 수령숭배에 세뇌된 북한주민들이 그 가치관이 잘못된 것임을 깨닫게 하여 주옵소서. 그리하여 저들이 갈망함으로 북한의 변화를 주도해가도록 역사하여 주옵소서.

둘째, 백두혈통을 최고의 존엄으로 추앙해 수령을 신격화하도록 세뇌된 북한주민들이 거짓이며 잘못된 것임을 깨닫는 의식변화가 급속히 이뤄지게 하옵소서.

고린도후서 3장 18절에 "우리가 다 수건을 벗은 얼굴로 거울을 보는 것 같이 주의 영광을 보매 그와 같은 형상으로 변화하여 영광에서 영광에 이르니 곧 주의 영으로 말미암음이니라" 말씀하신 주님, 73년 동안 하나님을 대적하며 스스로 신이 되어 북한주민들을 지배하는 수령숭배의 견고한 진을 예수 그리스도의 권세로 파하여 주옵소서. 이 강력한 진을 파할 수 있는 복음이 북한주민들에게 전해질 수 있는 문이 활짝 열리고, 우리로 복음을 전해 북한의 진정한 변화의 물꼬를 활짝 열어갈 열정과 지혜를 주옵소서.

셋째, 복음으로 수령숭배사상을 무력화 시키도록 역사하여 주옵소서.

고린도후서 10장 4절에 "우리의 싸우는 무기는 육신에 속한 것이 아니요 오직 어떤 견고한 진도 무너뜨리는 하나님의 능력이라 모든 이론을 무너뜨리며" 말씀하신 주님, 북한의 주체사상을 격파할 수 있는 것은 오직 복음의 능력으로만 가능함을 인정하고 선포합니다. 한국교회와 성도들이 북한 선교에 대한 거룩한 부담과 열정으로 수령숭배사상을 격파할 수 있는 하나님의 말씀인 성경을 보내고, 시간과 공간의 제한을 받지 않는 방송으로 복음을 전하게 하옵소서. 뿐만 아니라 식량을 구하러 나오는 북한 주민들에게 복음을 전하고 말씀으로 양육해 그들이 북한으로 돌아가 하나님의 복음을 증거하는 사역이 활화산처럼 폭발적으로 일어나게 하옵소서.

넷째, 북한실정과 환경에 최적화된 선교전략을 세워 북한선교를 감당할 수 있게 하옵소서.

로마서 15장 19절에 "표적과 기사의 능력으로 성령의 능력으로 이루어졌으며 그리하여 내가 예루살렘으로부터 두루 행하여 일루리곤까지 그리스도의 복음을 편만하게 전하였노라" 말씀하신 주님, 철저하게 통제된 곳에서 살아가는 북한주민들에게 복음전할 수 있는 지혜를 주사, 우리로 북한주민들에게 최적화된 선교전략을 세워, 그 땅에 하나님의 복음이 충만하기까지 북한 선교를 감당할 수 있도록 긍휼을 더하여 주시고, 하나님이 부르실 때 우리로 '예'하고 순종하여 감당할 수 있기를 기도합니다.

다섯째, 북한의 변화가 북한주민들로부터 활발히 이뤄지게 하옵소서.

에스겔 17장 24절에 "들의 모든 나무가 나 여호와는 높은 나무를 낮추고 낮은 나무를 높이며 푸른 나무를 말리고 마른 나무를 무성하게 하는 줄 알리라 나 여호와는 말하고 이루느니라 하라" 말씀하신 주님, 북한에 하나님 말씀을 침투시키고 두만강을 건너 온 탈북 동포들을 모아 기간별로 신앙훈련을 시켜 북한에 들여보내는 사역이 활발하게 일어나 이들이 거대한 복음의 물결을 이루어 북한 변화를 주도할 수 있게 하여 주옵소서. 이것이 곧 피 흘림 없는 복음통일이 되도록 행하여 주옵소서.

예수님의 이름으로 기도합니다. 아멘

2. 북한의 기독교 정책, 그 실상을 알아본다

1) 기독교 환경의 변화

요즈음 들어 북한 내 지하교회가 있고 기독교인에 대한 가혹한 처벌과 공개처형이 이루어지고 있다는 충격적인 보도들이 잇달아 나오고 있다. 이는 그러한 악조건 속에서도 기독교인들이 계속 신앙생활을 굽히지 않고 있음을 반증하는 것이다. 북한 내 기독교인 억압에 대한 국제사회의 비난이 거세지고 있는 가운데 이러한 비난과 국제 제재를 피하고 경제적인 지원을 얻어내기 위해 북한은 남한을 비롯한 외부세계와 지속적인 종교 교류에 나서면서 종교정책 변화를 표방하고 있다.

대외 선전용이자 외화 벌이로 이용되긴 하지만 조선그리스도교 연맹을 중심으로 북한에 한동안 봉수교회, 칠골교회 그리고 가정교회 등을 인정하고 있었던 것은 긍정적인 변화였다. 또한 조.중 국경을 왕래하는 중국 조선족들이나 식량을 구하기 위해 중국으로 건너간 탈북자들이 기독교단체의 지원을 받는 과정에서 예수를 영접하고 북한으로 돌아가 기독교 신앙을 측근들에게 은밀히 전파하고 있는 것도 북한 내 복음화를 가속시키는 주요 요인이 되었다.

2) 북한 지하교회의 실상

북한에 지하교회가 정말 있느냐는 질문을 자주 받는다. 요즈음에는 북한에 지하교회가 있다는 대답에 대해 별로 의문을 제기하지 않는다. "결박과 환란이 나를 기다린다 하시나 나의 달려갈 길과 주 예수께 받은 사명 곧 하나님의 은혜의 복음을 증거하는 일을 마치려 함에는 나의 생명을 조금도 귀한 것으로 여기지 아니하노라"(행 20:24)라는 하나님의 말씀을 북한

지하교회인들의 신앙고백으로 받아들이는 모습이다.

성경에 "하나님이 그 미리 아신 백성을 버리지 아니하셨나니… 내가 나를 위하여 바알 앞에 무릎을 꿇지 아니한 사람 칠천을 남겨두었다 하셨으니 이제도 은혜로 택하심을 따라 남는 자가 있느니라"(롬 11:4~5)고 하신 말씀과 같이 북한에도 핍박 중에 믿음을 지키는 지하교인들이 있다.

또 성경에 "어떠한 형편에든지 나는 자족하기를 배웠노라. 내가 비천에 처할 줄도 알고 풍부에 처할 줄도 알아, 모든 일에 배부르며 배고픔과 풍부와 궁핍에도 일체의 비결을 배웠노라. 내게 능력 주시는 자 안에서 내가 모든 것을 할 수 있느니라"(빌 4:11~13)는 말씀처럼 북한지하교회 성도들은 힘들고 어려운 환경을 믿음으로 이기고 있다.

북한 지하교회는 지구상에서 가장 핍박이 많은 교회이다. 예루살렘의 교회, 중앙아시아나 중동의 교회도 엄청난 핍박을 받지만 북한만큼 어렵지는 않다. 돌을 던지고 직업을 빼앗고 괴롭혀도 북한의 지하교회 같지는 않다. 북한 지하교회 성도들은 잡히면 물과 전기고문에 생매장에, 쇳물에 태워 죽이고, 때려 죽이고, 밟혀 죽는 상황에서 생명을 유지하고 있다.

그들은 찬송도, 기도도, 예배도 소리 내서 할 수 없으며 성경도 십자가도 가질 수 없다. 예수를 믿을 수도 없고 발각되면 즉각 수용소로 전 가족 혹은 3족이 끌려가서 당하는 모든 고통을 감수하는 교회이다. 예수님의 피로 사신 바 된 아름다운 교회가 바로 북한 지하교회이다.

북한 지하교회는 건물만 없는 게 아니라 십자가도 강대상도 의자도 피아노도 없다. 3~4명이 모여 예배하면 그곳이 예배당이고 교회이다. 그곳에는 핍박과 눈물과 고통하는 심령과 환난이 있을 뿐이다. 그곳에는 목사도 전도사도 교사도 없고 한 권의 성경도, 찬송가도 신앙 서적도 없다. 그러나 북한 지하교회는 주님이 계시고 하나님이 기뻐하시는 교회이다.

지금 북한에는 복음이 귀에서 입으로 입에서 귀로 전해지고 속삭여지면서 북한으로 들어가고 있다. 한 북한선교단체인 오픈도어즈는 북한의 이러한 지하교인들이 적어도 20만 명에 이를 것으로 추산했다. 그들은 일요일 아침이면 공원에 모여 남몰래 말없이 짝을 이뤄 성경말씀과 기도제목을 나누고 있으며 지하교인 4명 중 1명 가량은 수용소에 갇혀있는 것으로 파악된다고 했다.(『미래세계』 2007.12.19)

1954년부터 북한에 농업의 개인경영이 금지되고 집단농장이 강제운영되자 그 동안 개인농장에서 선교활동을 하던 이 만화 목사는 농장으로 강제 편입되어 일하게 되었고 신임을 얻을 정도로 열심히 일을 했다.

한편 이 목사는 한 사람 한 사람 접촉하면서 기독교적인 신앙을 꾸준히 가르쳤다. 많은 지하교인들이 생겨났고 1953년 휴전 후 3년 동안 평북 용천군 내 10여 개 협동농장에 비밀조직이 형성되어 2,000여 명이 넘는 교인이 조직되었다. 그들의 비밀교회는 공산주의자들도 전혀 눈치채지 못하게 교세가 확장되어 나갔다.

이 목사가 사용한 지하교회의 조직원칙으로는 첫째, 3~5명으로 1개 소조를 형성하고 소조 단위로 예배를 보며, 다른 소조와도 비밀리에 신앙활동을 행한다. 둘째, 소조의 책임자 이외는 지하교회 지도부(이만화 목사 외 5명)를 모르게 한다. 셋째, 각 소조의 구성원들은 각기 독립적으로 성도를 포섭하도록 지도한다.

예배는 격식을 차리지 않았으며 농장에서 일하다가 휴식시간 삼삼오오로 흩어져 논두렁에서 쉬고 있을 때 본다. 그때 다른 사람들이 보면 소조원들이 잡담을 하고 있는 것으로 생각할 정도로 자연스럽게 성경이야기를 하고 머리를 숙이지 않고 기도하고 예배를 드린다. 전통적으로 평북의 용천군은 많은 기독교인들이 살고 있었고, 어떤 부락에서는 인민위원회 간부까지 지하교회에 가담했다고 한다.

지하교인들은 혹독한 고난과 핍박 가운데도 신앙을 포기하지 않고 지금도 남아있다. 지하교인들의 규모는 정확히 예측할 수는 없으나 현재 30~50만 명으로 추산하고 있다.

북한당국은 이만화 목사 사건을 계기로 기독교 말살 정책을 본격적으로 감행하였으며 지하교인들을 색출하기 위해 광분하였다. 1959년 평북 박천군 일대에 찬송가가 유행되고 있다는 주민들의 신고로 인민학교 여교원이 현장에서 체포되었고, 이어 다른 지하교인들도 체포되어 고난을 받자 이만화 목사가 자진출두 하여 처형을 당하였다.

그럼에도 불구하고 북한의 그루터기 신앙인들은 건재하였으며, 1990년대 중반 이후 중국으로 탈북한 수십만 명의 북한 주민들이 중국에서 하나님을 영접하고 북한으로 돌아가 북한 지하교회는 활기를 띄기도 하였다.

지하교회의 생존과 북한 당국의 무자비한 색출 작업은 지속되었으며 김정은 정권 밑에서도 지하교인들을 사회 불안의 원천으로 보고 강력히 단속하고 있다.

최근 '오래된 소원'이란 소설을 펴낸 강석진 선교사는 "교회도, 목회자도, 성경도 없음에도 여전히 뜨거운 신앙을 간직한 지하교인들이 남아있다. 통일이 되고 북한교회를 재건할 때 무너진 재단을 세울 분들"이라고 했다.

3) 북한 기독교 탄압의 역사

해방 이후 북한 정권이 어떻게 기독교를 탄압하여 왔는지에 따라 북한의 기독교 탄압 역사를 회유와 억압병행기, 철저한 탄압기, 지하교회 색출기, 신앙생활 위장기, 신장자유 선전기로 시기를 구분해 볼 수 있다.

(1) 기독교의 회유와 억압 병행기 (1945년~1950년)

이 시기는 북한 김일성 집단이 종교에 대한 전면적인 탄압정책을 실시하지 못하고 부분적인 종교 활동에 제한을 가하던 때이다. 그 이유는 당시 김일성이 이끄는 공산당의 세력이 약했고 북한 토착주민들의 지지를 받지 못했기 때문이다. 더구나 북한지역의 기독교는 막강한 정치세력을 갖고 있었으며 김일성이 북한을 통치하기 위해서는 기독교 인사들의 잠정적인 협력이 필요했었기 때문이다.

공산당이 행한 종교 활동 제한은 교회, 성당, 사찰 등 종교 시설들을 그대로 묵인하면서 그곳에서 대규모 공식적인 종교 의식을 갖지 못하도록 하는 정도였다. 예컨대 찬송가를 부르는 것은 이웃사람들에게 방해가 된다는 이유로 금지시켰던 것 등이다. 하지만 공산당은 그 가운데서 비교적 세력이 강했던 기독교에 대해서는 사회주의 경제체제로의 이행에서 걸림돌이 된다는 이유로 다른 종교에 비해 집중적으로 제한을 가하였다. 이 시기 북한 기독교는 공산당에 의해 회유 받고 공산당의 성공적 통치를 위해 잠정적으로 공산당에 협력토록 유인 받던, 즉 뿌리 깊은 기독교 세력을 의식, 회유와 억압을 병행했던 시기였다.

(2) 철저한 탄압기 (1950년~1953년)

북한은 6·25 남침 준비의 일환으로써 후방의 공고화를 위한 전략에서 철저한 탄압을 가했다. 전쟁이 발발하자 북한 당국은 교직자들을 대거 체포하였고 후퇴하는 시점에서 그들을 "모두 살해하라"는 지령에 따라 수많은 기독교인들을 살해했다. 이에 기독교인들은 공산군에 저항했고 국군 및 유엔군이 후퇴할 때에는 이들을 따라 대거 남한으로 탈출했다. 한편, 북한은 그 때까지 방치해 두었던 종교 관계 건물들을 파괴해 버리거나 구조를 변경하여 군수 물자 창고 등 다른 목적에 이용하기 시작하였고 심지어는 예배당 부근에 못 쓰는 대포나 전차 등을 버려둠으로써 고의적으로 공습의 표적이 되게 하였다.

그리하여 교인들로 하여금 미국에 대한 적개심을 갖도록 했다. 또 미국의 공습과 미국의 종교라고 불리는 기독교를 연결시켜 미국의 공습에 대한 공포와 분노는 바로 미제국주의자의 앞잡이, 곧 기독교인들이라는 인상을 심어 주었다. 북한 정권은 6·25 전쟁 전에 기독교를 철저히 소탕하려 했으며, 전쟁 중에도 잔존 기독세력을 완전히 제거하려 했다. 그리하여 이 시기 북한은 기독교인들을 반혁명 세력으로 몰아 탄압을 본격화하였기 때문에 그 후 기독교는 지하로 들어갈 수 밖에 없게 되었다.

(3) 지하교회 색출기 (1954년~1971년)

남침전쟁으로 소기의 목적을 이루지 못한 북한은 1955년 4월부터 본격적인 기독교인 색출작업에 들어갔다. 북한은 지하에 숨어있는 기독교인들을 잡아내기 위해 1958년 '중앙당 집중지도'를 시행하여 북한의 모든 주민들을 한 사람씩 성분을 분석하였다. 그 집중 지도에 의해 많은 지하기독교 단체들이 발각되었다. 1959년에는 공산당의 반종교 지침서를 만들어 기독교 탄압 정책을 강화시켰다. 이 지침서는 다음과 같은 것을 지적하고 있다.

첫째, 수많은 기독교인들이 북한을 배반하고 월남하였다. 둘째, 북한군이 후퇴할 때 기독교인들과 기독교 단체들은 국방군과 UN군을 헌신적으로 도왔다. 셋째, 일부 기독교인들은 미군을 소위 '하나님의 군'이라고 떠벌이면서 기독교의 막 뒤에서 공산당과 공산혁명을 반대했다. 넷째,

북한기독교인들은 인민군 입대를 기피했으며 반공 게릴라 활동의 선두에서 싸웠다.

이와 같이 북한 정권은 기독교를 정치범으로 간주하여 의도적으로 가혹하게 처형하려는 의사를 분명히 했다. 이 시기에 북한은 잔존 기독교인을 색출, 사회적으로 격리시켜 관리했다. 북한은 소위 '주민등록 사업'(67~70년)에 의해 전 북한주민을 3계층 51계 부류로 분류하였으며 종래의 종교인들에게는 독립된 별개의 분류번호(기독교인 42, 불교 신자 43, 천주교 신자 44)를 부여하여 일반감시 및 특별 감시대상으로 구분하였다.

(4) 종교자유 위장기 (1972년~1980년)

북한은 동서의 데땅뜨 흐름에 따른 남·북간에 해빙기운이 나타나자 종교를 위장하기 시작했다. 그건 유명무실했던 이른바 '기독교도 연맹', '천도교중앙본부', '조선불교도연맹' 등을 활용하여 남한 종교인들과의 통일전선을 형성하기 위한 종교단체의 결성 및 활동을 전개했다. 첫째, 종교 말살 정책에 따라 지하종교인을 색출하며 둘째, 마치 종교의 자유가 있는 것처럼 보이게 하고 셋째, 한국 종교인들을 반정부 투쟁에로 선동하려고 한 것이었다.

이전 시기와 비교해 북한 종교인들의 통일전선사업이 대폭 증대되었으며 조선기독교도연맹의 강량욱 목사는 1972년 9월 남·북한 기독교인의 직접접촉을 제안하면서, 남한 내 민주화 사건과 관련한 비난 성명과 호소문을 발표하는 등 대남 활동을 적극적으로 전개하였다. 북한은 1976년 공산권 국가들이 주축이 된 기독교 평화 회의(CPC)에 가입하여서도 '조선에 관한 결의문'과 '성명'을 채택하여 한국을 중상모략하고 비방하는 정치적인 활동을 전개하였으며 이러한 종교의 위장선전 활동을 통하여 해외 동포 및 해외 종교인들을 포섭하는 활동도 벌였다.

(5) 신앙자유 선전기 (1980년~현재)

대내적으로 주민들에 대한 기독교 탄압을 지속하고 있는 가운데 1980년 9월 미국 퀘이커 대표단을 시발로 서방권 국가 종교 단체에 문화 개방, 종교를 통한 평화 공세를 전개하기 시작했다. 특히 외국 종교인 및 해외교포 방북 시에는 성경책, 찬송가를 배포하는 한편, 사전 준비된 장소에서 예배를 주선함으로써 마치 기독교 활동을 보장하고 있는 듯이 선전했다. 특히 1992년 9월 4일에는 세계적인 부흥강사인 빌리 그래함 목사를 평양에 초청, 국제 압력을 완화했으며, 1994년에는 미국의 카터 대통령을 평양에 영접, 대미 관계에 이용하기도 했다.

1988년 들어 북한은 세계가 개혁, 개방의 흐름에 따라 민주화, 다원화, 자유화가 이루어지자 국제사회에 북한에도 기독교의 자유가 있는 것으로 위장하기 위해 최초로 봉수교회와 장충성당을 짓고 남한 기독교인들과 해외 동포들로부터 헌금을 거둬드리는 창구로 내세웠다.

1989년에는 김일성 주석의 어머니 강반석 집사가 다닌 교회로 알려진 칠골교회를 남한과 해외로부터 오는 기독교인들을 끌어들여 헌금도 받고 종교의 자유를 선전하는 창구로 활용하기도 했다.

이와 함께 그들은 소련 및 동구권 국가의 종교 완화 정책에 부응하고 89년 제 13차 세계 청년 학생 축전 및 교포 종교인, 외국인 방북이 점증함에 따라 우리 종교계와의 통일전선 형성을 위한 종교시설을 복원, 신축하면서 각양의 대남 정치 선전을 전개하고 있다. 북한은 기독교가 하나의 대외적 선전도구로서 이용가치가 있을 때에는 그 존재를 강조하지만 대내적으로는 형법 및 조선 노동당 규약 등의 규범으로 주민들을 기독교와 격리시키고 기독교에 대체하여 새로운 하나의 종교로 “김일성 주체사상”을 주입시켰다.

4) 반종교 행위의 법적 근거

북한은 정권수립 초기의 반종교정책에서 1980년 초 종교 활동 규제완화 정책에 이르기까지 약 30년 동안 종교말살정책을 써왔다. 1950년에 채택한 형법 257조에는 "종교단체에 기부를 강요하는 자는 2년 이하의 징역에 처한다"고 규정했고, 258조는 "종교단체에서 행정적 행위를 한 자는 1년 이하의 교화노동에 처한다"고 규정했다.

1972년에 제정한 『사회주의 헌법』에서는 "공민은 신앙의 자유와 반종교 선전의 자유를 가진다"로 규정하여, 종교의 자유보다는 반종교 선전의 자유를 강조함으로써 사실상 종교의 자유를 부정하는 법적인 근거를 마련했다.

그 후 1980년대에 들어와 자유세계로부터 북한에 종교자유가 없다는 거센 비난에 부딪힘에 따라 대외적으로 종교의 자유가 있는 것처럼 선전하고 오히려 대남 통일전선 구축에 남한의 종교단체를 이용하려 하였다. 1986년 이후 북한은 "종교에도 인간중심, 인간존중의 주체사상이 깔려있다"는 논리를 펴 북한에 종교의 자유가 있음을 시사했다. 이어 1992년대 들어와서는 "반종교 선전의 자유"를 명시한 헌법조문을 삭제하고 종교건물 신축과 종교의식 허용 등 종교의 자유를 구체적으로 명시한 새로운 헌법을 개정하여, 종교의 자유를 인정한 것처럼 제시하였으나 실질적으로는 당의 통제하에 선전용 종교행사만을 허용했다.

특히 제 10기 최고인민회의(98.9.5)에서 개정된 헌법에서는 기존의 "누구든지 외세를 끌어들이거나 사회질서를 해치는 데 종교를 이용할 수 없다"는 조문에서 "누구든지" 문구를 삭제하였다. 이는 종교에 대한 강력한 탄압을 하지 않고 있다는 인식을 대외에 심어줌으로써 종교를 대외 경제지원 획득 창구로 이용하고자 하는 북한정권의 속내를 여실히 보여주는 사례이다.

5) 김일성 일가의 기독교 가정

김일성은 독실한 기독교 신앙을 가진 가정에서 태어나 이른바 모태신앙을 갖고 성장했다고 한다. 그러한 이유로 김일성이 기독교의 사상과 조직원리를 모방하여 통치이념과 통치방식으로 이용해 왔다는 이야기는 설득력을 가진다. 그의 아버지 김형직은 1911년 평양의 기독교 계통인 숭실중학을 다녔고 졸업 후 그 곳에서 교사생활을 하였다. 숭실중학교는 당시 미국계 미션스쿨로서 한국에서 기독교를 전파할 기독교지도자를 양성하는 교육기관이었다. 당시 김형직이 기독교가 대중화되지 않은 시기에 숭실중학교에 다녔다는 사실은 그가 독실한 기독교 신앙임을 말해준다.

어머니 강반석은 기독교 가정에서 태어나 고향 칠골에서 교회를 섬기던 신실한 신앙인이었다. 반석이라는 그의 이름이 베드로의 별명인 盤石(rock)에서 따왔듯이 그는 교회집사로서 아주 돈독한 기독교 신앙을 가졌던 것으로 보인다. 김일성이 1992년 4월 어머니의 신앙을 기리며 어머니의 고향 칠골에 교회를 세웠던 것만 보아도 강반석의 신실한 신앙을 짐작케 할 수 있다.

김일성은 어린시절 어머니와 함께 주일학교에 착실하게 다녔던 것으로 알려졌다. 중학교 때에는 중국 연변의 손정도 목사의 보살핌을 받으며 교회생활을 하였고, 학생 성가대 지휘를 맡을 정도로 교회 활동을 활발하게 하였다. 김일성은 기독교 신앙인이 아니라고 스스로 고백한 것으로 보아 기독교인이라고 말할 수는 없으나 주일학교에서 배운 성경내용과 교회생활에 대해 해박한 지식을 갖고 있었던 것으로 알려졌다.

그는 전쟁 및 위기적 상황과 같은 사회 변화가 급격히 발생하는 거친 환경 속에서 기독교적인 종교 양식을 그의 절대적인 통치에 이용했다. 그는 주일학교에서 성경을 배워 출애굽의 해방과 구원의 역사를 통해 식민통치의 억압으로부터 나라를 해방시켰다는 '해방신화'를 끌어냈다. 그는 증외조부인 강양욱 목사를 앞세워 수많은 목사와 신도들을 고발, 형장의 이슬로 사라지게 했다. 강양욱 목사는 1984년 사망할 때까지 북조선 기독교 연맹 중앙 위원장과 실권 없는 부주석 자리에서 기독교 교리 대신 김일성의 왜곡 날조 역사를 선전하였다.

한편, 1980년대 이후 북한사회를 실질적으로 이끌어 온 김정일의 기독교 경험에 대해서는 알려진 바가 거의 없다. 김정일은 7세에 친어머니를 여읜 관계로 친척들의 보살핌을 받으며 자랐다. 이들 대부분 역시 기독교 가정이었기 때문에 김정일에게 기독교적 영향을 주었을 것으로는 추측해 볼 수 있다. 김정일은 강양욱 목사를 통해서 기독교를 접할 수 있었을 것이나 당초부터 주체사상을 밀어부친 그는 기독교에 대해서 극히 부정적인 태도를 갖고 있을 가능성이 크다.

2012년부터 북한의 백두혈통을 이어받은 김정은은 조상들과는 달리 기독교와 별다른 관련이 없어 보이고 김일성 수령을 이어받은 백두혈통과 최고의 존엄으로 절대 권력을 장악하고 있다. 이런 맥락에서 볼 때, 김일성 일가는 진정한 기독교 가정이었다고 볼 수 없다. 김일성의 양친이 비교적 신실한 기독교인이었던데 반해, 김일성과 김정일은 기독교적 기반이 있음에도 불구하고 기독교를 반대하거나 그 교리를 독재정치를 합리화시키는 도구로 삼았다. 뿐만 아니라 김일성은 강량욱 목사로 하여금 스스로 기독교 교리를 팔아버린 북한판 '가룟 유다'가 되게 한 것이다.

6) 북한 복음화 전망

이상에서 살펴본 바와 같이 북한의 기독교 교회사는 피로써 점철된 탄압과 숙청이 연속을 이루었다. 100여 년 전에 복음의 씨앗이 떨어져 신앙의 뿌리가 내리었지만 모질게 몰아치는 1인 독재 우상화의 바람이 교회를 소멸시켜 버렸다. 하지만 이러한 북한의 종교 탄압 정책에서도 지하에서 기독교 신앙을 지키며 살고 있는 지하교회 성도들이 존재하고 있다는 사실을 이제 아무도 부정할 수 없게 되었다. 그들이 겪고 있는 가혹한 탄압의 소식들이 외부 세계로 조금씩 알려지면서 북한 지하교회 성도들의 인권을 위한 목소리가 점차 높아져가고 있다.

지금 북한은 서방세계와의 경협 증진과 대외무역 확대 및 국제 경제 제재 해제의 필요성이 커짐에 따라 종교 교류를 통한 국제 협력을 모색하고 있다. 북한의 관제 종교 조직 하에서 제한된 변화이지만 남·북 종교 교류의 확산은 북한의 사회 전반에 걸쳐 서서히 신앙의 본질을 깨닫는 계기를 제공하고 있는 것이다. 또 국경을 왕래하는 탈북자들을 통해 북한에 기독교가 새로운 모습으로 전달되어 종교에 관심을 갖는 사람들이 생겨남에 따라 북한 내 기독교 전파는 점차 확산되고 있다. 이는 필연적인 추세이지만 북한이 복음화 될 시간을 단축하는 일은 우리의 몫이 될 것이다.

남·북한 간 종교 교류는 서로 돕고 이해의 폭을 넓히며, 점진적으로 이질감을 해소시켜 나가는데 그 주안점을 두어야 할 것이다. 어느 한 단체나 개인의 이기적인 행동이 앞서서는 안될 것이다. 대북 접근에 있어 선점이나 경쟁적인 관계가 아닌 화합하고 협력하는 모습을 보여야 할 것이다. 특히 북한의 지하 종교조직이나 탈북자를 이용한 선교활동은 보다 지혜롭게 해나가야 하며 보다 효율적인 방법을 찾아냄으로써 북한과의 점진적인 종교 교류를 증진시켜 나가야 할 것이다.

앞으로 북한 내에서 종교에 대한 관심이 점차 높아질 것이며 북한의 종교 문제는 한반도의 평화정착과 통일과정에서 보다 적극적으로 해결될 수 있을 것이다. 북한에서 억압받는 기독교인들뿐 아니라 믿지 않는 북한 동포들의 신체의 자유와 영혼 구원을 위해 우리는 함께 지혜를 모으고 간절히 기도해야 할 것이다. 이것이 민족의 화합과 협력, 그리고 통일을 이루는 지름길임을 잊지 말아야 할 것이다.

7) 우리의 기도

해방 이후 지금까지 북한에서의 교회탄압은 세계 역사에서 찾아볼 수 없을 정도로 가혹하게 진행되어 왔습니다. 그럼에도 불구하고 교회는 사라지지 않고 하나님의 복음이 전해지고 있으며 그로 인하여 지하교회가 세워지게 하시는 하나님 앞에 나아가 북한 지하교회와 성도들을 올려드리며 간구합니다.

첫째, 해방 후 73년이라는 긴 시간 동안 가혹한 핍박에도 북한 지하교회와 성도들을 지키시고 보호하신 하나님을 찬양합니다.

둘째, 고난 중에도 바알에 무릎 꿇지 않고 북한 땅에서 믿음을 지키며 복음을 전하여 교회를 세워가는 북한 지하교회 성도들을 지키시고 보호하여 주옵소서.

로마서 11장 4~5절에 "그에게 하신 대답이 무엇이냐 내가 나를 위하여 바알에게 무릎을 꿇지 아니한 사람 칠천 명을 남겨 두었다 하셨으니 그런즉 이와 같이 지금도 은혜로 택하심을 따라 남은 자가 있느니라" 말씀하신 여호와 하나님, 찬양도, 기도도 소리 내어 하지 못하는 환경에서도 하나님을 배반하지 아니하고 믿음을 지켜가는 북한 지하교회와 성도들을 보호하여 주시고, 이들을 통해 더 많은 사람들이 주께로 돌아오는 복을 누리도록 역사하여 주옵소서.

셋째, 해방 이후 지금까지 북한당국에 의해 수많은 믿음의 백성들이 죽임을 당하였습니다. 기독교인들과 그 가족을 잔인하게 살해하고 탄압한 북한 당국의 죄악을 대신하여 예수 그리스도의 이름으로 회개합니다.

에스겔 18장 30절에 "주 여호와의 말씀이니라 이스라엘 족속아 내가 너희 각 사람이 행한 대로 심판할지라 너희는 돌이켜 회개하고 모든 죄에서 떠날지어다 그리한즉 그것이 너희에게 죄악의 걸림돌이 되지 아니하리라" 말씀하신 여호와 하나님, 북한에 공산정권이 들어서고 오늘에 이르도록 수많은 믿음의 백성들이 죽임을 당했습니다. 하나님을 대적하는 북한당국자들의 죄악을 대신하여 예수 그리스도의 이름으로 회개합니다. 용서하여 주옵소서. 그 죄악이 속히 중지되게 하여 주옵소서.

넷째, 북한에서 자행되고 있는 우상숭배의 죄악이 그치게 하옵소서.

출애굽기 20장 3절에 "너는 나 외에는 다른 신들을 네게 두지 말라" 말씀하신 여호와 하나님, 북한의 김일성으로부터 김정은에 이르기까지 수령을 신격화함으로 하나님의 자리에 대신 올라 북한주민들로 우상숭배의 죄악을 자행하도록 강요하는 악행이 하루 속히 중지되게 하여 주옵소서.

다섯째, 1972년 "공민은 신앙의 자유와 반종교 선전의 자유를 가진다"고 북한 헌법에 규정한 그대로 북한의 모든 백성이 자유로이 하나님을 예배하는 복을 누리도록 역사하여 주옵소서.

누가복음 4장 18절에 "주의 성령이 내게 임하셨으니 이는 가난한 자에게 복음을 전하게 하시려고 내게 기름을 부으시고 나를 보내사 포로 된 자에게 자유를, 눈 먼 자에게 다시 보게 함을 전파하며 눌린 자를 자유롭게 하고" 말씀하신 주님, 북한이 헌법에서 신앙의 자유를 가진다고 제정한 문안이 그대로 북한에서 실시되어, 누구나 하나님을 자유로이 예배하고 찬양하고 기도하는 날이 속히 임하게 하옵소서.

여섯째, 한국교회와 성도들이 지금 북한 선교에 적극 참여하게 하옵소서.

시편 3편 8절에 "구원은 여호와께 있사오니 주의 복을 주의 백성에게 내리소서" 말씀하신 구원의 하나님, 하나님의 백성 된 우리가 지금 하나님의 복음을 듣지 못해 알지 못하며 신음하는 북한의 백성들에게 온 힘을 다하여 복음을 전하고, 북한상황에 맞는 하나님이 주신 선교전략을 가지고 복음을 전하게 하시고, 이 일로 인하여 하나님의 대적하는 북한체제가 무너져 내리고 굳게 닫힌 북한의 문이 활짝 열려 모든 백성들이 하나님을 자유로이 예배하는 복을 누리게 하옵소서.

예수 그리스도의 이름으로 기도합니다. 아멘

Ⅱ. 남·북관계 변화와 평창올림픽 개최 평가

1. 남·북관계 급진전, 기대와 우려

2. 평창 동계올림픽 개최와 남·북 협력 및 갈등

2

남·북관계 변화와 평창올림픽 개최 평가

1. 남·북관계 급진전, 기대와 우려

1) 특사 교환과 남·북관계 급진전

(1) 남·북 특사교환

김정은 위원장의 여동생인 김여정이 지난 2월 10일 청와대를 찾아 방명록에 "평양과 서울이 우리 겨레의 마음속에서 더 가까워지고 통일 번영의 미래가 앞당겨 지기를 기대한다"고 썼다. 김여정은 문재인 대통령에게 오빠인 김정은 노동당 위원장의 친서가 담긴 파란색 파일을 전달하며 "내가 김정은 국무위원장의 특사"라고 말했다.

김정은의 특사인 김여정 노동당 중앙위원회 제1부부장은 이날 청와대에서 문 대통령과 접견 및 오찬을 하고 "문 대통령을 빠른 시일 안에 만날 용의가 있다. 편하신 시간에 북을 방문해 주실 것을 요청한다"는 김정은의 메시지를 전했다. 김여정은 문 대통령에게 "통일의 새 장을 여는 주역이 되셔서 후세에 길이 남을 자취를 세우시기 바란다"고 했다.

이에 문 대통령은 "앞으로 여건을 만들어서 성사시키자"고 화답하면서도 "미·북간의 조기 대화가 반드시 필요하다"고 말했다. 또 문 대통령은 미·북

간의 신뢰를 위한 비핵화 조치를 취할 것을 제안했다. 김정은의 친필 사인이 담긴 친서에는 남·북화해와 협력을 위해 함께 노력하자는 내용이 담긴 것으로 알려졌다.[13)]

청와대는 지난 3월 4일 대북 특별 사절단을 발표하면서 "특별 사절단 방북은 평창 올림픽에 김정은 위원장이 파견한 김여정 특사 방남에 대한 답방 의미가 있다"며 이들은 한반도 비핵화를 위한 미·북대화 여건 조성, 남·북교류 활성화 등 남·북관계 개선들을 포괄적으로 논의 할 것"이라고 말했다.

청와대는 4일 대북 특별 사절단을 발표하면서 대미(對美)라인의 정의용 국가안보 실장과 대북정보통인 서훈 국정원장을 '투 톱'으로 내세웠다. 우선 "남·북 대화와 미·북 간 비핵화 대화가 함께 가야 한다"는 문 대통령의 '두 갈래' 전략을 상징적으로 보여주는 측면이 있다. 북한에 억류중인 한국계 미국인 3명 석방이라는 '특별임무'와도 관련이 있는 것으로 보인다. 문 대통령의 친서는 대통령 복심(腹心)으로 통하는 윤건영 국정상황실장을 택했다.

(2) 김정은 남측 특사단 접견

김정은 위원장이 3월 5일 정의용 청와대 국가안보 실장 등 문재인 대통령의 대북 특사단과 평양에서 접견 및 만찬을 했다. 대북제재와 국제적 고립 속에 김정은이 북핵 외교 무대에 처음으로 모습을 드러낸 것이다. 김정은이 한국 정부 당국자와 공식적으로 만난 것은 2011년 김정일의 사망으로 집권한지 7년만에 처음이다.

김정은과 면담을 한 특사단은 평창 동계올림픽에 북한 선수단과 고위급 대표단을 파견한데 대해 감사를 표하고 문 대통령의 친서를 전달했다. 친

13) 김여정 등 북한 고위급 대표단은 11일밤 평양 공항에서 북한군 명예 위병대의 영접을 받았다. 게이오대 명예교수 오코노기 마다오는 이를 북한의 '매달리기' 외교전략이라고 했다. 『동아일보』 2018. 2. 23

서에는 비핵화를 위한 미·북 대화를 촉구하고 남·북 정상회담에 대한 답이 담겨있었다. 비핵화와 관련해 특사단은 핵미사일 실험을 일시 중지할 경우 미·북 대화를 시작하고 향후 핵 개발 시설 폐기와 기존 핵 폐기 방안을 잇따라 논의하는 3단계 구상을 제안한 것으로 알려졌다. 핵 동결을 대화의 입구로 하고 핵 폐기를 최종 출구로 하는 '2단계' 구상보다 대화의 문턱을 낮추고 관련 절차를 세분화 한 것이다.

사절단이 김정은에 제시한 3단계 접근법은 단계별로 북측에서 이행해야 할 조치사항을 담았다. 금강산 관광 재개 등 경제 보상이나 제재 이완 등 단계별 이행에 상응하는 '반대급부'를 더 세분한 것이다. '3단계 접근'은 첫 단계로 핵·미사일 도발을 일시 중단하겠다는 이른바 '모라토리엄' 선언과 함께 '미국의 태도에 따라 궁극적으로 비핵화를 실현할 수 있다'는 선언적 약속을 설득한 것이다. 이는 최소한 미국을 상대로 북한과 대화하라고 설득할 수 있는 발판이 마련된 것이다. 이어 김정은 위원장과의 만찬자리에서는 한반도 정세와 남·북관계 발전에 대한 의견을 나누었다.

북한은 이날 특사단 도착에 앞서 "북남 관계는 외세를 배격하고 우리민족끼리 힘을 합쳐 자주적으로 해결해 내야 한다"는 논평을 발표했다. 비핵화 입장을 먼저 밝히라는 미국을 빼자는 것으로 핵 있는 남·북관계를 요구하는 것이었다. 또 노동신문은 3월 6일 미국에 집중포화를 퍼부었다. 정세 논설을 통해 "미국은 조선반도에 마련된 평화 분위기를 파괴하기 위해 핵 전략자산을 대대적으로 투입하고 있다."며 "우리의 핵무력은 핵 악마를 영영 쓸어버리기 위한 정의의 보검"이라고 주장했다. 그러나 특사단은 이산가족 상봉과 남·북 군사당국간 회담, 남·북 정상회담 추진 문제 등 남·북관계에 대해 많은 대화를 나눴다는 것이다.[14] 미국 언론들은 방북 특사의 브리핑 직후 북한이 비핵화 의제를 미국과 대화할 수 있다고 밝힌 점에 주목

---

14) "특사단, 김정은과 3시간 만찬회동" 『조선일보』 2018. 3. 6

하며 중대한 진전이라고 평가했다.[15)]

2) 남·북 정상회담, 기대와 우려

(1) 제3차 남·북 정상회담 합의

2000년, 2007년에 이은 제3차 남·북 정상회담이 올해 4월말 판문점 남측 평화의 집에서 열기로 남과 북이 합의했다. 김일성·김정일·김정은 등 3대를 이어온 북한의 정상 가운데 김정은이 최초로 한국 땅을 밟게 된 것이다. 정상회담에 앞서 문재인 대통령과 김정은 위원장은 핫라인을 구축하고 전화 통화를 갖기로 했다.

당초 문 대통령은 김정은의 남·북정상회담 제안에 대해 "서두르지 않겠다"며 신중한 태도를 보였다. 문 대통령은 지난 2월 9일 김정은의 특사인 김여정 노동당 제1부부장을 통해 방북을 제안하자 "여건을 만들어 성사시켜 나가자"고 말했다. 원칙적으로 수락 의사를 보이면서도 미·북 대화를 위한 여건이 먼저 만들어져야 한다는 것이다. 문 대통령은 지난 2월 17일에도 남·북 정상회담에 대해 "우물가에서 숭늉을 찾는 격"이라며 거리를 두기도 했다.

그러나 김정은이 정의용 청와대 국가안보실장을 비롯한 대북 특사단에 "미국과 허심탄회한 대화를 할 용의가 있다"고 밝히면서 정상회담은 급물살을 탔다. 문 대통령은 자신이 제시한 남·북 정상회담의 여건이 어느 정도 조성된 것으로 판단한 것이다. 이에 특사단은 북측과 4월 말 남·북 정상회담 개최에 합의했다. 청와대는 "문 대통령 취임 1주년(6월 10일) 전에 정상회담을 갖는데 남·북이 잠정 합의했다"고 설명했다.

15) "해외언론, 남·북합의 속보로 보도" 『동아일보』 2018. 3. 7

앞선 두 차례의 정상회담과 다른 점은 남·북 정상이 만나는 장소이다. 김정은은 3차 남·북 정상 회담을 제안하며 문 대통령을 평양으로 초청했지만, 문 대통령은 특사단을 통해 "우리측으로 오라"고 역 제안 했다.[16] 청와대가 김정은의 남측 방문을 제안한 것은 두 차례의 정상회담에도 불구하고 한반도 평화 국면을 만들지 못한 과거의 전철을 밟지 않겠다는 뜻도 있다.

(2) 정상 간 핫라인 설치 추후 논의

남과 북은 군사적 긴장 완화와 긴밀한 협의를 위해 정상 간 핫라인을 설치하기로 했으며, 남·북 정상회담 이전에 첫 통화를 실시하기로 했다. 문 대통령의 사무실이 있는 청와대 여민1관 3층과 김정은의 사무실이 있는 노동당 청사 본관 책상에 직통 전화가 놓인다는 것이다. 우발적 충돌이 한반도 긴장 고조로 이어지는 것을 막겠다는 뜻으로 풀이된다. 양 정상은 통화에서 정상회담 의제 등을 사전에 조율할 수도 있게 된다. 그러나 남·북은 3월 29일 열린 고위급 회담에서 핫라인 설치 문제에 대해 더 협의해 나가기로 했다.

3차 정상회담의 가장 큰 의제는 역시 비핵화가 될 전망이다. 한 외교 소식통은 "김정은이 비핵화 뜻을 밝히기는 했지만 4월 말까지 구체적인 행동이 없다면 다시 원점에서 논의를 해야 할 수도 있다며 "남·북 정상회담의 의제로 미·북대화의 진척 여부에 달려있다"고 말했다.[17] 한편 남·북 정상회담 개최가 확정되면서 4월부터 5월 30일까지 예정된 한·미 연합 군사훈련의 종료 시점이 언제가 될지도 관건이다.

김정은 위원장은 지난 3월 5일 대북 특사단과의 만찬에서 "그 동안 우리가 미사일을 발사하면 문재인 대통령이 새벽에 NSC 개최하시느라고 고생

16) 특사단이 떠나기 전 내부 회의에서 정상회담 장소를 서울이나 제주로 하자는 제안이 나오기도 했다는 것이다. 『동아일보』 2018. 3. 7

17) 『동아일보』 2018. 3. 7

많으셨다. 오늘 (미사일 발사 유예를) 결심했으니 이제 문 대통령이 새벽잠 설치지 않아도 된다"고 했다. 김정은은 특사단에 "이제는 실무적 대화가 막히고, (부하들이) 안하무인 격으로 나오면 대통령과 나하고 직통 전화로 이야기하면 간단히 해결된다"고도 했다.[18)]

(3) 북 국제제재 비난

한편 북한이 연일 국제 사회의 초강경 대북제재를 겨냥해 맹비난을 쏟아부었다. 남·북·미·북 정상회담을 앞둔 북한이 연쇄회담의 목표 중 하나로 경제적 위기 돌파를 설정했다는 것을 엿볼 수 있다.

북한 노동신문은 3월 12일 "미제와 추종세력은 제재 압살 책동을 극대화하고 무모한 핵전쟁 도발책동에 매달리며 최후 발악하고 있다"고 비난했다. 그러나 북한 매체들은 미·북 정상회담에 대해서는 침묵 했다. 9일 미·북 정상이 회담 개최에 합의한 뒤 북한의 대내 매체는 관련보도를 싣지 않고 있다.

청와대는 4월 말로 잡힌 남·북 정상회담을 위해 남·북 정상회담 준비위원회를 구성하고 북한과 실무협의에 착수했다. 문재인 대통령은 대선 공약 등을 통해 노무현 정부에서 있었던 제2차 남·북 정상회담의 10.4 선언 이행을 공언해 왔다. 이번 3차 남·북 정상회담에서는 10.4 선언의 핵심인 '서해평화 협력 특별지대'와 문 대통령의 공약인 '한반도 신경제지도구상'에 대한 논의가 이뤄질 것으로 관측하고 있다.

남·북 정상회담에서는 핵심의제로 비핵화를 비롯해서 남·북간 군사긴장 완화와 경제협력 문제가 중점적으로 다뤄질 것으로 보인다. 청와대는 이들을 위한 대표적 사업으로 '서해 평화 협력 특별지대'를

---

18) 김정은 "文대통령, 이제 새벽잠 설치지 않아도 된다" 『조선일보』 2018. 3. 10

정상회담 의제로 삼을 가능성이 높은 것으로 알려졌다.[19)]

'한반도 신경제지도' 구상은 서해 평화지대 구상보다 더 포괄적이다. 동해권과 러시아, 서해권과 중국을 잇는 지형적 이전을 활용해 에너지·자원·물류·교통벨트를 구축하자는 것인데 이를 위해서는 한반도 긴장 해소가 선행되어야 한다.

(4) 평화체제 구축 논의

4월 말 열리는 남·북 정상회담에서 1950년 6·25 전쟁 종전 선언과 평화체제 구축 문제가 본격 논의 될 것으로 알려졌다. 북한이 비핵화를 실천한다면 6·25 휴전 당사국(미국·중국·한국·북한)들이 함께 종전을 선언하고 평화협정을 맺는 방안을 논의한다는 것이다. 청와대도 이번 남·북 정상회담에서는 지난 1, 2차 정상회담과 달리 비핵화와 평화 체제 문제를 중심의제로 다룰 방침으로 알려졌다.[20)]

청와대는 북핵 해법과 관련해 "더 큰 고리를 끊어버림으로써 다른 문제들이 자동적으로 풀리는 그런 방식으로 나가지 않을까 싶다"고 말했다. 북핵 문제를 복잡하게 얽힌 '고르디우스의 매듭'에 비유하며 하나 하나 풀기보다는 단칼에 잘라버리는 과감한 방식이 될 것이다. 정부는 4월 남·북, 5월 미·북 정상회담에서 북한의 비핵화 완료와 함께 평화 협정, 미·북 수교를 이루는 큰 틀의 합의를 만들어 내겠다는 구상이다.[21)]

문재인 대통령은 3월 15일 4월 남·북 정상회담 준비위원회 구성을 마쳤다. 임종석 대통령 비서실장을 위원장 조명균 통일부 장관을 간사로 하고 정의용 국가 안보 실장과 장하성 정책실장, 강경화 외교부 장관과 송영무

---

19) 10. 4 합의 전체를 이행하려면 당시 정부 발표로 14조 3000억원이 든다는 것이다.

20) 남북 정상 테이블에 정전 선언, 평화협정 오를 듯" 『조선일보』 2018. 3. 14

21) 중국이 주창하는'쌍제병행'해법이기도 하다.

국방부 장관, 서훈 국가정보원장, 홍남기 국무조정실장 등 8명으로 구성했다. 정부는 정상회담 시 내외신 프레스 센터로 활용될 경기 고양시 일산서구 킨텍스와 계약을 한 것으로 알려졌다.

3) 향후 남·북관계 진전을 위한 과제

(1) 대북제재 지속

남·미·북 정상회담이 진행되는 중에도 미국은 대북제재 담당차관을 통해 북한 제재는 계속되어야 한다는 입장을 명확히 했다. 펜스 미국 부통령 방한 일정도 북한에 대한 경고로 일관했다. 미국이 전하려는 메시지는 명확하다. 몇 달 안에 북한이 비핵화를 위한 대화에 나오지 않은 채 핵실험이나 미사일로 도발하면 더 강력한 대북제재는 물론이고 군사조치까지 실행할 수 있다는 사실을 국제 사회에 공지하고 있는 것이다.[22] 이 메시지는 특히 한국 정부를 향하고 있고 한국 정부는 비핵화 대화를 끌어내야 할 책임이 있다.

왕이 중국 외교부장은 3월 12일 베이징 댜오위타이에서 정의용 청와대 국가 안보실장과 만찬을 하면서 "유엔 안전 보장 이사회 대북제재 결의 2397호가 나온 뒤 북한이 한계점에 왔다고 판단했다"고 말했다. 중국이 대북제재 효과를 거론한 것은 이례적이었다. 왕 부장은 "북한이 미사일 발사와 핵실험을 한 것은 국제사회의 핵 비확산 노력에 반대되는 행위로 안보리의 대북제재는 당연하다"고 말했다.[23] 그러나 중국이 이제까지의 태도로 보아 대북 국제제재에 얼마나 협력할 것이냐가 관건이다. 특히 지난 3월 26~27일 북·중 정상회담 이후 중국의 태도가 예의주시된다.

---

22) "트럼프, 북에 양보는 도발을 부를 뿐... 실수 반복 않겠다." 『조선일보』 2018. 2. 1

23) "유엔제재 2397호 나온 뒤 북 한계 도달" 『동아일보』 2018. 3. 13

미국은 북한의 교란전술을 극도로 경계하고 있다. 특히 펜스 부통령은 북한을 경계하고 있다. 그는 북한이 영구적, 불가역적 핵포기를 위해 최대한 더 압박을 가하겠다며 “미국의 결의는 결코 흔들리지 않는다”고 말했다. 그러면서 새삼 한·미 양국 간 강력한 결속을 강조했다. 우리 정부를 향해 북한의 위장 평화 공세에 흔들려서는 안된다는 것이다. 북한은 대화보다는 ICBM 완성에 초점을 둘 가능성이 높고 미국을 견제하기 위해서 남·북관계를 적극 활용하려 할 것이다.

(2) 대화 지속 과제

한국 정부는 남·북·미·북 대화를 원하고 있지만 정부의 바람과는 달리 미국과 북한의 입장을 보면 대화를 이어가기 쉽지 않을 것 같다. 미국은 “조건이 맞는다면” 북한과 대화를 하겠다는 입장이다. 반면 북한은 고위급 대표단 방문 시 우리를 당국자들과의 대화에서 핵보유국 지위를 갖고 미국과 대화를 하겠다는 입장을 밝힌 것으로 알려졌다.[24] ‘핵보유국’ 임을 강조해 온 김정은이 비핵화 문제에도 태도 변화를 보일지는 미지수다. 북한은 3월 5일 선전매체를 동원해 미국을 거칠게 비난하며 핵포기는 있을 수 없다는 입장을 내놨다.

도널드 트럼프 미국 대통령은 역대 행정부의 대북 정책을 비판하며 “같은 실수를 되풀이하지 않겠다”고 거듭 강조했다. 북한이 핵을 폐기하는 시늉에도 보상을 주는 식의 타협을 하지 않겠다는 것이다. 북한이 핵을 포기해야 하는데 남·북관계가 더욱 진전되기 위해 북한이 핵을 포기하게 하는 문제가 큰 과제로 남아있다.

(3) 한반도 비핵화

미국 국무부 관계자는 3월 4일 특사단 파견에 대해 “한반도 비핵화 달성

24) 2월 28일 더불어 민주당 외교 안보 통일 자문회의 비공개회의를 통해 드러났다.
『동아일보』 2018. 3. 3

을 위한 최대의 압박 작전을 유지할 필요성을 포함한 통일된 대북 반응에 관해 한국 정부와 긴밀히 접촉하고 있다"며, "미국과 한국은 남·북 관계 진척이 비핵화 진전과 반드시 함께 이뤄지도록 최대의 압박 작전을 통해 긴밀히 협력할 것"이라고 밝혔다. 이어 "우리는 한반도의 안전하고 검증 가능한 비핵화는 타협이 가능하지 않다는 우리의 입장을 강조하고 자 북한에 기꺼이 관여할 것"이라며 "우리는 전임정부들이 한 것과 같은 실수를 저지르지 않을 것"이라고 강조했다.[25)]

한편 강경화 외교부 장관은 3월 5일 한국기자 협회가 주관한 세계 기자대회 오찬사에서 "북한이 비핵화를 위한 실질적인 조치를 취하지 않는 한 북한에 대한 제재와 압박은 계속 유지 될 것"이라고 강조했다. 비핵화만큼은 한·미가 물샐 틈 없이 공조하고 있으니 김정은이 핵에 대한 태도를 바꿔야 한다는 메시지이다.[26)]

(4) 핵미사일 '모라토리엄'

북한은 3월 6일 "한반도 비핵화 의지를 분명히 했으며 북한에 대한 군사적 위험이 해소되고 북한의 체제 안전이 보장된다면 핵을 보유할 이유가 없다."고 명백히 했다. 이어 북한은 "대화가 지속되는 동안 추가 핵실험 및 탄도 미사일 시험 발사 등 전략 도발을 재개하는 일은 없을 것"임을 밝혔다. 이는 김정은이 조건부 핵·미사일 '모라토리엄(유예)' 의사를 밝힌 것으로 해석된다. 군 일각에서는 한·미 연합 훈련은 취소하거나 축소하라는 압박일 수도 있다고 본다.

김정은 위원장은 신년사에서 북한의 핵보유, 남·북관계 개선 그리고 정권 출범 70주년 기념의 핵심 메시지를 전했다. 그 요체는 북핵 평화 전술, 즉 핵을 보유한 상태에서 주변 관계를 개선해 보겠다는 접근이다. 이러한 북

25) "비핵화 최대의 압박작전 유지 꿈쩍 않는 美" 『동아일보』 2018. 3. 6
26) 『동아일보』 2018. 3. 6

핵 평화 전술과 대화 만능주의가 결부되면 그 결과는 돌이킬 수 없는 안보 재앙이 될 수 있다. 따라서 이 중요한 시점에 신중한 접근을 해야 하며 대화만능주의를 경계할 필요가 있다.

김정은은 3월 5일 특사단과의 회동에서 내용과 형식 모두 파격적으로 비칠 수 있는 모습을 보였다. 한·미 연합 군사 훈련을 인정하고 노동당 청사 본관에서 만찬을 열고 부인 이설주와 동행했다. 이를 통해 북한이 이상한 나라가 아닌 '정상국가(normal state)'라는 것을 강조하려 했고 미국이 이를 인정해 줄 것을 요구했다. 북한의 정상국가 요구는 대북제재 완화 차원을 넘어 체제 보장, 미·북 수교까지도 포괄하는 '패키지' 인 만큼 쉽게 수용할 수 없는 문제이다. 한·미는 구체적 합의에 도달 할 때까지 대북제재는 계속될 것이란 입장을 표했다.[27] 어떤 일이 있어도 북한의 요구가 ①주한미군 철수 ②한·미 동맹의 파기 ③미·북 수교 ④평화협정으로 가게 해서는 안된다.

김일성 생전인 1991년 말 남·북 기본합의서에 합의한 직후 미국에 관계 개선 메시지를 전하며 "미군이 계속 주둔하되 북한에 적대적인 군대가 아니라 평화유지군 같은 역할을 해주기 바란다"는 뜻을 전했다. 주한미군은 한·미동맹의 굳건함을 보여주는 존재이다. 그러나 한·미 공동의 위협인 북한과의 적대관계가 청산되면 한·미동맹의 의의도 주한 미군의 역할도 모호해 질 수 밖에 없다. 한·미동맹에 대한 변화를 추구하는 북한의 어떠한 의도도 되살아나지 않도록 해야 할 것이다.

북한이 대화 테이블에서 영변 핵 시설의 동결을 제안하더라도 별 의미가 없다. 미국의 핵 안보 전문가 데이비드 올브라이트 과학 국제 안보 연구소(ISIS) 소장은 "북한이 비핵화 의지를 보이기 위해 영변의 핵프로그램

---

27) "북 끌어낸'대북제재'와'군사압박'끝까지 가야한다" 『조선일보』 2018. 3. 10

동결을 제안할 수 있는데,이를 받아들이지 말아야 한다"고 말했다.[28] 그는 "농축우라늄 원심분리기 등 북한 핵 프로그램의 절반 가량은 영변 이외 지역에 있다."며 북한이 자신들의 핵 물질 생산 체계를 공개하지 않는 이상 동결은 의미가 없다."고 했다.

(5) 한반도 평화협정 체결

정부는 4월 남·북, 5월 미·북 정상회담에서 북한의 비핵화 완료와 함께 평화협정, 특히 미·북 수교를 이루는 큰 틀의 합의를 만들어 내자는 구상이다. 그러나 그런 합의에도 불구하고 비핵화 이행 과정에서 늘 파행으로 끝났던 과거를 되돌아봐야 한다. 북한의 완전한 비핵화를 유도하기 위한 당근도 중요하지만 약속을 어기지 않도록 옥죄고 다그치는 '고삐'와 '채찍'이 있어야 한다.

북한과 접촉하는데 있어 정상들이 한 두 번 만나 문제를 해결할 수 없다. 평화를 위한 엔진에 시동을 거는데 있어 국가 지도자들은 그 누구보다 적합하다. 그러나 악마는 디테일에 있다는 말처럼 북한은 매우 깐깐하게 유리한 조항을 요구할 것이다. 전문 협상가들이 앞장 서서 지난한 협상과정을 거쳐야만 긴장을 완화하고 비핵화를 촉진시키는 검증 가능한 합의를 얻을 수 있다.

남·북 대화의 결과로 나온 한반도 평화체제가 서해 북방한계선(NLL)의 법적 근거를 사라지게 할 수도 있다. NLL은 6·25 전쟁 중 그어진 군사작전상의 해상 분계선이다. 정권체제가 존속하는 동안만 유효하다. 정전 협정을 대체할 평화협정에 특별한 규정을 두지 않는 한 평화체제 아래선 유엔해양법에 따라 12해리 연해 원칙이 적용될 것이다. 그 경우 북한 영해에 인정하게 될 서해 5도의 안보는 치명적 위협을 받을 수 밖에 없다. 평화협

28) "미국의 소리(VOA)" 방송 2010. 3. 15

정 체결까지 안 가도 6·25 전쟁의 종전선언만 해도 NLL의 존립 근거는 뿌리 채 흔들린다.[29)]

(6) 이행을 위한 제도적 장치

문제는 이행에 있다. 좋은 합의를 했다 하더라도 이행을 강제할 수 있는 장치가 없으면 사문화 될 수 밖에 없다. 이행을 보장하기 위해서는 강력한 제도적 장치가 필요하고 이행을 안 했을 때는 지불해야 할 비용이 있어야 한다. 우리가 활용할 수 있는 것은 현재 유지되고 있는 제재와 국제공조이다. 북한의 호응과 이행의 정도에 따라 제재와 압박을 풀고, 반대로 이행을 거부할 경우에는 그 이상의 제재를 가할 수 있다는 점을 북한이 인식하도록 해야 할 것이다.

4) 앞으로의 전망

(1) 북한 비핵화 가능성 희박

미국 펜스 부통령은 지난 2월 8일 문 대통과 만나 북한이 영구적, 불가역적 핵 포기를 위해 최대한의 압박을 가하겠다며 "미국의 결의는 결코 흔들리지 않는다"고 말했다. 그러면서 새삼 한·미 양국 간 강력한 결속력을 강조했다. 문재인 대통령도 "남·북관계 개선과 비핵화는 나란히 갈 수 밖에 없다"고 했다. 미국은 우리 정부를 향해 북한의 위장 평화 공세에 흔들려서는 안된다는 주문을 했고 한국은 그에 화답한 것으로 해석된다. 그러나 북한은 평창올림픽 동안 집중적인 평화 공세로 대북제재에 틈새를 만들었다.[30)] 미국이 원하는 북한의 비핵화를 끌어낼 가능성은 희박하고 따라서 의미 있는 남·북·미북 간의 관계 진전을 기대하기 어려울 전망이다.

---

29) "전운이 걷힌 뒤 드러날 함정들" 『동아일보』 2018. 3. 19

30) "대화 시작만으로는 제재 이완도, 선물도 없다"고 문재인 대통령은 말했다.

(2) 지속적 대북제재 난망

국제 사회의 고강도 대북제재가 북한 경제에 심각한 타격을 주고 있다는 분석이다. 김정은이 올 들어 남·북 대화에 적극 나서는 것도 대북제재를 피하거나 수위를 낮추기 위한 것이다. 북한 전문가들은 “김정은 집권 후 대외 무역과 시장화가 급격히 진행되는 상황에서 고강도 제재가 이어지자 북의 수출입 길이 막히고 외화 부족도 심각하다”고 보고 있다.[31] 김정은의 통치자금과 권력층의 수입이 급감한 것은 물론이고 주민들의 생명선인 장마당까지 조만간 영향권에 들어갈 전망이다. 그러나 문제는 미·일·러 권력 관계에서 중국의 태도가 바뀌어 대북제재를 완화시킬 수 있다는 것이다. 지난 번 북·중 정상회담 이후 중국의 태도를 예의주시해야 할 것이다.

(3) 국민적 합의와 한·미 합동 군사훈련 지속 문제

문재인 대통령은 야당 등 안보 불안을 갖고 있는 보수층의 지지를 이끌어 내야 한다. 과거 평양에서 두차례 남·북 정상회담이 열렸지만 북한은 자신들의 정치·경제적인 이익을 얻은 뒤 한반도 평화 공존에는 기여하지 않았다. 이번에도 그럴 가능성이 없지 않다. 따라서 정부는 회담 개최 자체를 성과로 생각지 말고 안보 등에서 손에 잡히는 실무적인 성과를 내야 하는 게 쉽지 않을 전망이다.[32]

자유한국당은 2월 27일 김영철 북한 통일 전선 부장이 북한으로 돌아가는 길목에서 기습시위를 벌였다. 경기 파주시 통일대교에서 가로막힌 김영철 일행은 반대편 차로를 이용해 ‘역주행귀환’을 했다. 대북 문제로 정부와 야당이 다른 의견을 가질 수는 있으나 물리적인 충돌은 적극 피해야 되는데 이 또한 쉽지 않을 전망이다.

대북 특사단을 만난 김정은 위원장은 “한·미 합동 군사 훈련을 예년 수준

31) "평양에선 ICBM, 강릉에선 '평화'…북한의 두 얼굴"『동아일보』 2018. 2. 9

32) "문 대통령 여야 첫 회담 '안보 남남 갈등' 불식 계기로" 『동아일보』 2018. 3. 6

으로 진행하는 것을 이해한다"는 반응을 보였다. 김정은의 그런 언급은 지금까지 북한이 누차 밝힌 입장과는 차이가 있다. 실제로 같은 날 북한 매체들은 "한·미 합동 훈련 재개는 절대 용납될 수 없다"는 취지의 주장을 이어갔다. 이런 맥락에서 보면 김정은의 언급에도 불구하고 북한의 입장은 한·미 연합 군사 훈련 중단요구를 지속할 전망이다.[33)]

(4) 북한 정상 국가화 희박

김정은 위원장은 3월 5일 우리 특사단과의 회동에서 내용과 형식 모두 파격적으로 비칠 수 있는 모습을 보여 북한이 이상한 나라가 아닌 '정상국가' 라는 점을 강조하려 했고, 더 나아가 미국이 이를 인정해 줄 것을 요구하고 나섰다. 이는 김정은에게 극히 이례적인 것이다. 그의 본래의 모습을 잊어서는 안 될 것이다. 구체적인 사실에 근거하지 않은 인상 비평, 그것도 호평 일색의 평가는 남·북, 미·북 연쇄 정상회담을 앞둔 시기에 잘못된 인식을 주어서는 안 될 것이며, 앞으로 김정은에 대한 정확한 정보를 바탕으로 냉철한 평가가 쌓여가야 결국 비핵화 타결의 가능성도 높아질 것이다.

(5) 비핵화 제재 해제 난망

김정은은 현재 한국과 미국에 손짓을 보내고 있지만 실제 바라보고 있는 곳은 중국인 것으로 비춰진다. 한·미와 교류하는 모습을 통해 중국을 안달하게 하고 중국이 대북제재 대열에서 이탈하게 하려는 것이다. 앞으로 중국이 북한을 달래기 위해 '뒷문'을 열어줄 경우 북한을 비핵화 테이블로 끌어낸 대북제재망은 무너질 것이다. 그 순간 실체 여부가 불확실한 김정은의 비핵화 의지' 라는 것도 신기루 같이 사라질 전망이다.

가장 바람직한 것은 북한과 미국, 일본의 수교로 북한이 국제사회의 정상적 일원으로 나서고 북한 체제 안전은 유엔과 한·미·북·중·러 등 동북아

---

33) "북 매체는 '계속 훈련 재개 절대로 용납 못한다'" 『조선일보』 2018.3.7

관련국이 모두 참여하는 안전보장 체제로 푸는 것이다. 북한이 핵을 포기한다면 이 세계에 북을 공격할 나라는 없다. 이 경우 대북제재 해제와 국제사회의 경제지원으로 북한의 경제적 어려움은 단기간에 크게 개선될 수 있다. 김정은이 핵을 버리고 미·북 수교와 제재 해제를 얻는 것이 살길이라는 전략적 판단을 내려야 할 것이다.

5) 우리의 기도

평창 동계올림픽을 전후해 급진전되고 있는 남·북관계와 한반도 상황을 전능하신 하나님께 올려드리며 간구합니다.

첫째, 남·북관계가 급진전 되고 있는 한반도의 상황이 하나님의 뜻을 따라서만 진행되게 하옵소서!

스가랴 9장 10절에 "내가 에브라임의 병거와 예루살렘의 말을 끊겠고 전쟁하는 활도 끊으리니 그가 이방 사람에게 화평을 전할 것이요 그의 통치는 바다에서 바다까지 이르고 유브라데 강에서 땅 끝까지 이르리라" 말씀하신 여호와 하나님, 평창 동계올림픽을 전후해 특사들이 오가며 급진전되고 있는 남·북관계가 오직 하나님의 선하신 뜻을 이루는 방향으로만 진행될 수 있도록 긍휼을 더하여 주옵소서.

둘째, 4월에 있을 남·북 정상회담이 또한 한반도에서 평화의 문을 여는 열쇠가 되게 하옵소서!

다니엘 11장 27절에 "이 두 왕이 마음에 서로 해하고자 하여 한 밥상에 앉았을 때에 거짓말을 할 것이라 일이 형통하지 못하리니 이는 아직 때가 이르지 아니하였으므로 그 일이 이루어지지 아니할 것임이니라" 말씀하신 여호와여, 판문점 남측 지역에서 4월에 갖게 될 남·북한의 두 정상이 겉과 속이 다른 모습이 아닌 진정성을 가지고 임하게 하시고, 혹여 거짓된 마음으로 회담에 임한다면 그 모든 속내가 드러나게 하시고, 이번 회담이 평화의 왕이신 하나님의 손에 들려져 진행되어 이 땅에 평화의 문을 여는 열쇠가 되게 하옵소서.

셋째, 남·북관계의 진전에 있어 하나님이 보시기에 장애물이 되는 모든 요소들이 제거되게 하여 주옵소서!

스가랴 8장 17절에 "마음에 서로 해하기를 도모하지 말며 거짓 맹세를 좋아하지 말라 이 모든 일은 내가 미워하는 것이니라 여호와의 말이니라" 말씀하신 여호와 하나님, 남한은 한반도의 비핵화와 평화를 원하고, 핵 보유국임을 강조해온 북한은 주한미군 철수와 한·미 동맹의 파기 등을 요구하는 있습니다. 이런 상황에서 독일통일을 이끌었던 지도자들과 같은 지혜를 가진 전문가들이 하나님의 지혜를 힘입어 상황을 정확하게 직시하며, 남·북관계를 진전해 갈 수 있게 하시고, 한반도에서 복음통일을 이루는데 있어 방해가 되는 모든 요소들을 주께서 제거하여 주옵소서.

넷째, 한반도를 둘러싼 주변강국들이 복음통일을 이루는데 선한 역할만을 감당할 수 있게 하옵소서.

이사야 17장 13절에 "열방이 충돌하기를 많은 물이 몰려옴과 같이 하나 주께서 그들을 꾸짖으시리니 그들이 멀리 도망함이 산에서 겨가 바람 앞에 흩어짐 같겠고 폭풍 앞에 떠도는 티끌 같을 것이라" 말씀하신 만군의 하나님, 현재 진행되고 있는 남·북의 관계가 서로 다른 생각을 가지고 임하는 동상이몽이 되지 않도록 긍휼을 더하여 주옵소서. 나아가 작금의 한반도상황에서 주변강국들이 한반도 평화와 복음통일을 이루는데 있어 방해가 아닌 협력하는 선한 도구로 사용되게 하여 주옵소서.

다섯째, 하나님께서 한반도의 주인이시며 주관자 되심을 인정하고 선포합니다!

시편 19편 1절에 "하늘이 하나님의 영광을 선포하고 궁창이 그의 손으로

하신 일을 나타내는도다" 말씀하심과 같이 어떠한 상황에서도 이 땅이 하나님께 속하였음을 선포합니다. 이 땅과 백성이 하나님의 백성임을 선포합니다. 이 땅의 주권이 하나님께 속하였음을 선포합니다. 북한의 위정자들과 백성, 남한의 위정자들과 백성이 오직 하나님께만 복종하고, 하나님의 뜻을 이루는 선한 도구로만 사용되게 하여 주옵소서.

예수 그리스도의 이름으로 기도합니다. 아멘

2. 평창 동계올림픽 개최와 남·북 협력 및 갈등

1) 평창 동계올림픽 남·북 참여 경과

(1) 북한 올림픽 참가 결정

김정은 북한 노동당 위원장은 지난 1월 1일 신년사에서 "미국 본토 전역이 우리의 핵 타격 사정권 안 에 있다"며 "핵 단추가 내 사무실 책상 위에 항상 놓여 있다는 것, 이는 위협이 아닌 현실임을 똑바로 알아야 한다"고 말했다. 지난해 '국가 핵 무력 완성'을 선언한 데 이어 대미 전쟁 억지력 확보'를 선언한 것이다.

그러면서 김정은은 한국에는 지난해와 전혀 다른 메시지를 보냈다. 그는 "올해를 민족사에 특기한 사변적인 해로 빛내야 한다"고 말한 뒤 "남조선에서 열리는 겨울철 올림픽 대회에 대표단 파견을 포함해 필요한 조치를 취할 용의가 있으며 이를 위해 북남 당국이 시급히 만날 수도 있을 것"이라고 제안했다. 이는 북한이 새해벽두부터 한·미 동맹과 대북 국제제재를 흔들고 올해 한반도 정세를 자신이 주도하겠다는 의지의 표현으로 보인다.

(2) 남·북 당국간 회담과 북 인사 파견

이에 따라 남·북 당국간 회담이 판문점에서 열렸고 이어 경의선, 육로 등 남·북간 육상 연결 통로가 차례로 열렸다. 한편 북한은 평창 동계올림픽 개막 하루 전인 2월 8일 조선인민군 창건일로 공식 선포했다. 특히 올해가 군 창설 70주년이어서 올림픽 개막 전날 평양에서 북한군의 대규모 열병식을 열기로 한 것이다.[34)]

남·북 합의에 따라 현송월 삼지연 관현악단장이 1박 2일간의 방남 일정

---

34) 『조선 중앙통신』 2018. 1. 22

을 마치고 1월 22일 북으로 돌아갔고, 1월 31일 마식령 남·북 공동 훈련 스키장에서 남·북 공동 훈련도 진행되었다. 그러나 북한은 1월 29일 밤 금강산에서 열기로 한 남·북 합동 문화 공연을 일방적으로 취소했다.[35)]

북한의 제멋대로 합의 뒤엎기는 현송월 일행의 방문을 아무런 설명도 없이 갑자기 중지했다가 다시 재개한 데 이어 두 번째다.

북한이 2월 4일 평창 동계올림픽 고위급 대표단 단장에 김영남 최고인민회의 상임위원장을 보낸다고 밝혔다. 김영남 위원장을 비롯한 대표단 3명과 지원 인력 18명으로 구성된 고위급 대표단이 9일부터 11일까지 남측을 방문할 계획이라고 밝혔다. 북한은 2월 7일 김여정과 최휘 국가체육지도위원장을 포함하여 우리측에 통보했다. 김여정은 지난해 당 정치국 후보위원에 오르면서 선전선동부 부부장에서 제1부부장으로 승진한 것으로 전해졌다.

북한에서 김일성 일가를 뜻하는 이른바 '백두혈통'의 일원이 남측 땅을 밟은 것은 6·25 전쟁 이후 68년 만이다.[36)] 통일부에 따르면 북측 인사들의 숙식비, 교통비, 각종 부대 이용 지원에 총 29억원을 지원하고 모자랄 경우 추가로 기금을 편성하겠다고 했다. 정부는 과거 2002년 부산 아시안게임 때 방한한 북한 대표단에는 13억원, 2003년 대구U대회 때는 9억원을 지원한바 있다.[37)]

(3) 북 열병식 강행

북한은 2월 8일 평양 김일성 광장에서 인민군 창건 70돌을 기념하는 열병식을 강행했다. 평창 동계올림픽 개막 전날로 건군절 날짜를 옮겨

35) 북한의 2월 8일 평양 열병식에 대한 우리 언론의 비판을 내세웠다.
36) 김여정은 우리 군인 15만명, 민간인 37만명이 사망한 6·25를 일으킨 김일성의 손녀이다.
37) "정부, 북 참가단에 29억 넘게 지원한 듯" 『조선일보』 2018. 2. 8

벌인 군사 퍼레이드다. 지난해 발사한 화성 계열의 ICBM등 미사일 전력도 등장했다. 그날 저녁에는 북한 예술단의 올림픽 개막 축하 공연이 강릉아트홀에서 열렸다. 열병식 규모는 예년과 비슷했으나 진행 시간을 예년보다 크게 줄였다. 또 TV로 생중계하지 않고 녹화방송을 내보냈고 외신 기자도 초청하지 않았다.

(4) 남·북 공동입장

2월 9일 평창 동계올림픽 개회식에서 이뤄진 남·북공동 입장은 '눈과 얼음의 축제' 동계올림픽에 평화의 의미를 더한 상징적인 장면이었다. 1988년 서울 올림픽에 이어 30년만에 한국에서 열린 평창 올림픽은 이로써 전 세계에 평화의 메시지를 전달했다.

올림픽 개회식에서 이뤄진 남·북공동 입장은 '눈과 얼음의 축제' 동계올림픽에 평화의 의미를 더한 상징적인 장면이었다.

남·북한 선수들은 92개 참가국 가운데 마지막인 91번째로 입장했다. 이날 공동 입장에는 우리 나라 선수단 147명, 북한 선수단 50여 명 등 약 200명이 참가했다.

(5) 김여정 친서 전달

김여정이 지난 2월 10일 청와대를 찾아 방명록에 "평양과 서울이 우리 겨레의 마음속에서 더 가까워지고 통일 번영의 미래가 앞당겨지기를 기대한다"라고 썼다. 김여정은 문 대통령에게 오빠인 김정은 노동당 위원장의 친서가 담긴 파란색 파일을 전달 하며 "내가 김정은 국무위원장의 특사"라고 말했다. 한국을 찾은 지 하루가 지난 뒤에야 자신의 방문 목적을 밝힌 것이다.[38] 김정은의 특사인 김여정 노동당 중앙위원회 제1부부장은 이

38) 청와대는 이때까지 김여정이 김정은의 특사라는 사실을 알지 못했다는 것이다. 『동아일보』 2018. 2. 12

날 청와대에서 문 대통령과 접견 및 오찬을 하고 "문 대통령을 빠른 시일 안에 만날 용의가 있다. 편하신 시간에 북을 방문해 주실 것을 요청한다"는 김정은의 메시지를 전했다. 김여정은 문 대통령에게 "통일의 새 장을 여는 주역이 되셔서 후세에 길이 남을 자취를 세우시기 바란다"고도 했다.

이에 문 대통령은 "앞으로 여건을 만들어서 성사시키자"고 화답하면서도 "남·북 관계 발전을 위해서도 미·북 간의 조기 대화가 반드시 필요하다"고 말했다. 김정은의 친필 사인이 담긴 친서에는 남·북 화해와 협력을 위해 함께 노력하자는 내용이 담긴 것으로 알려졌다.

김여정은 2월 11일 문 대통령과 삼지연 관현악단 공연을 관람한 뒤 김정숙 여사에게 "문 대통령과 꼭 평양을 찾아오세요"라고 했다. 직전 임종석 대통령 비서실장 주최 만찬에서도 건배사로 평양에서 반가운 분들을 다시 만나길 바란다고 하는 등 이날만 공개적으로 두 차례에 걸쳐 방북을 재차 요청했다. 북한 고위급 대표단은 이날 김정은 전용기를 타고 북으로 돌아갔나. 강릉과 서울 두 차례 공연으로 평창 올림픽 개막 전후에 화제를 모았던 삼지연 관현악단이 12일 북한으로 돌아갔다. 그들은 북한 체제 선전 노래를 피해 비교적 무난한 공연을 펐다는 평가를 받았다. 김여정 등 북한 고위급 대표단은 11일밤 평양 공항에서 북한군 명예 위병대의 영접을 받았다.

2) 북한의 평창 동계올림픽 참가 전략

(1) 탈출구 전략으로 유화 메시지

김정은 북한 노동당 위원장은 1월 1일 신년사에서 지난해까지 한국과 미국에 보여줬던 태도를 뒤집어 다른 면을 보여줬다. '대북 적대시 정책을 폐기하라'며 매달리던 미국에게는 "전쟁 억지력을 확보했다"며 여유를 보이기도 했다. 대화에서 빠지라던 한국에게는 "북남이 한반도에서 전쟁을 막자"며 러브콜을 보냈다.

그러나 김정은은 지난 신년사에서 핵개발을 지속하겠다는 뜻을 분명히 했다. 결국 김정은이 지난해 계속 미국과의 직접대화와 접촉을 요구하다가 호응을 받지 못하고 대북제재 국면만 강화되면서 궁지에 몰리게 되었다. 그러나 북한은 한국에 유화 메시지를 보내고 세계 평화를 상징하는 평창 동계올림픽에 참가하여 일시적 탈출구를 모색한 것이라는 해석이 나온다.

(2) 제재 출구 전략으로 대화 선택

그 동안 북핵 논의에서 상대적으로 소외됐던 한국에 손을 내밀어 한·미 동맹을 흔들고 남·북 관계를 지렛대로 대미 협상을 진척시키려는 의도로 보인다. 핵을 포기하지 않는 한 미·북간의 대화가 어렵다고 판단한 북한은 자신이 처한 난관들을 타개하는 출구 전략으로서 남한과의 대화를 선택한 것으로 보인다. 특히 남한이 평창 동계올림픽이라는 국가적 행사를 성공적으로 치뤄야 하는 만큼 북한의 협조가 급할 수 밖에 없다는 계산으로 보인다.[39]

북한은 미국과 대화 등을 통해 직접 거래하면서 남한을 배제한다는 통미봉남(通美封南) 전술을 구사해 왔었다 이러한 북한의 전술로 볼 때, 북한이 평창 올림픽을 계기로 남·북대화를 재개하려는 것은 결국 미국과의 대화 물꼬를 트고 제재를 완화시키려는 일종의 우회 전략으로 보인다. 이런 맥락에서 평창 동계올림픽은 북한에게는 절호의 기회다. 올림픽에 참가함으로써 북한은 세계에 평화적 이미지를 부각시킬 수 있으며 남한과의 관계 개선과 대화 재개도 놓칠 수 없는 기회이다. 신년사에서 북한은 이미 핵 무력을 통해 안보에는 자신이 있다는 메시지를 보냈고 평창 올림픽 등을 화재로 남한과의 대화 의지를 보이고, 평화를 강조함으로써

39) "남조선 각계가 역대 최악의 인기 없는 경기대회로 기록될 수 있는 이번 올림픽 경기에 우리가 구원의 손길을 보내준 데 대해 고마움을 금치 못하고 있다" 주장했다.『노동신문』 2018. 1. 21

국제사회와 미국의 압력에 대해 평화 이미지와 외교 공세로 대응하겠다는 의지를 보여준 것이다. 북한의 궁극적 전략은 결국 미국과 관계 개선을 통하여 미국 대북적대감을 줄이고 평화협정을 체결함으로써 주한미군을 철수시키고 한반도를 북한의 통치하에 두겠다는 전략이다.

(3) 모든 선전도구 동원

북한의 평창 동계올림픽 참가를 둘러싼 논란과 관심이 매우 크다. 한반도기를 앞세운 남·북한 공동 입장, 여자 아이스하키 단일팀 구성, 대규모 응원단과 예술공연단 등 북한의 동원할 수 있는 거의 모든 선전도구가 등장했다. 이는 북한이 평창을 남한과 국제사회에 우호적인 분위기를 조성하고 대북 압박을 약화시키기 위한 선전의 장으로 활용하려는 의도가 강했다는 것을 의미한다.

북한이 지난 1월 23일 평창 동계올림픽 개막 하루 전인 2월 8일 조선인민군 창건일로 공식 선포했다. 특히 올해가 군 창설 70주년에 이어 올림픽 개막 전날 평양에서 북한군의 대규모 열병식을 연다는 것이다. 이는 북한이 평창 올림픽에 참가하면서도 한편으로는 평양에 관심을 집중시키고 북한의 군사력을 전 세계에 과시하려는 것이다. 북한은 이날 미국 NBC 방송을 통해 "핵프로그램은 (한국과) 대화 일부가 아니며, 테이블에 올라 있지도 않다"고 했다.[40]

북한 삼지연 관현악단의 강릉 공연이 평창 동계올림픽 전날인 8일로 잡혔다. 이에 따라 8일 평양에선 조선인민군 건군 70주년 열병식이, 강릉에선 현송월이 이끄는 심지연 관현악단의 '평창 올림픽 전야 공연'이 열려 세계의 이목을 북한이 주도하는 행사에 집중시키겠다는 의도였을 것이다.[41] 따라서

---

40) 『조선일보』 2018. 1. 24

41) 평양의 열병식날.... 강릉선 현송월 공연" 『조선일보』 2010. 1. 24

평창을 이용해 대북제재를 무력화시키고 핵을 인정받으려 할 것이다.[42]

북한은 지난 1월 24일 평양에서 정부, 정당, 단체 연합회의를 열어 발표한 호소문에 "북남 대화의 문이 열리고 민족의 중대사들이 진지하게 논의되고 있는 오늘 미국의 흉물스러운 핵 전략 자산들과 침략 무력이 남조선에 버티고 있을 아무런 이유도 없다"고 했다. 이어 "국가 핵무력 완성으로 달라진 민족의 위상에 맞게 북침전쟁 책동을 반대하는 투쟁을 과감히 벌여야 한다"고 했다.[43] 평창 올림픽 참가로 남·북간 대화의 길이 열리더라도 비핵화 논의는 하지 않겠다는 뜻을 분명히 했다.

(4) 민족의 핵 논리

북한은 1월 29일 "우리 민족이 틀어쥔 핵보검은 북남 관계를 우리 민족끼리 해결해 나갈 수 있는 밝은 전망을 열어주고 있다"고 주장했다. 불과 얼마 전까지 '서울 불바다' '핵 선제타격'을 운운하던 북한이 "핵무기로 남조선을 지켜줄 테니 미국과의 군사 훈련을 완전 중단하라"는 것이다. 또 북한은 "북남 대화의 문이 열리고 민족의 중대사들이 진지하게 논의되고 있는 오늘 미국의 흉물스러운 핵 전략 자산들과 침략 무력이 남조선에 버티고 있을 아무런 이유도 없다"며 "우리에게 강력한 전쟁 억제력이 있는 한 (미국도) 어쩌지 못할 것"이라고 했다.

북한은 '평창 참가'를 처음 언급한 김정은 신년사 이후 일관되게 '한·미 연합 훈련의 영원한 중단', '미 전략 자산의 한반도 전개 중지', '주한미군 철수'를 요구하고 있다. 이 과정에서 주장하고 있는 것이 '민족의 핵, 정의의 핵보검'이란 논리다.

북한이 평창 준비 과정에서 보여온 행태를 보면 그들이 올림픽 참석을

42) "美 부통령북의 평창 납치를 심각하게 걱정" 『조선일보』 2018. 1. 25
43) 『조선중앙 통신』 2018. 1. 25

결심한 이유가 분명해진다. 국제사회 대북 압박의 가장 약한 고리인 남측과의 대화 공세를 통해 자신을 죄어오는 제재망을 흔들어 놓으려는 것이다. 북한은 제재 구도 와해가 어렵다고 판단되면 그들의 전략을 언제든지 바꿀 것이다.

(5) 한·미 간 이간책

북한은 남·북관계 개선을 계기로 한·미간의 이간책을 강화시키고 있다. 조선중앙 통신은 2월 1일 "우리는 앞으로도 북남관계 개선을 위해 적극 노력할 것이지만 그에 찬물을 끼얹는 불순한 행위에 대해서는 결코 보고만 있지 않을 것"이라며 "조선반도와 주변에 핵전쟁 장비들을 끌어들이며 정세를 격화시키고 있는 미국의 책동으로 하여 모처럼 마련된 북남관계 개선과 긴장 완화의 분위기가 깨어진다면 미국은 그 책임에서 절대로 벗어날 수 없다"고 주변 정세 격화를 미국의 책임으로 돌렸다.

북한은 2월 4일 예고 없이 평창 동계올림픽에 김영남 최고인민회의 상임위원장을 단장으로 하는 단원 3명, 지원 인원 18명으로 구성된 대표단을 파견한다고 했다. 김 위원장은 헌법상 북한 행정부의 수반으로 이미 외국 정상들과의 회담에 여러 차례 등장한 인물이다. 김정은 체제의 실세로 떠오른 최룡해 노동당 부위원장에 비해 여러 차례 국제사회와의 대화 테이블에 나섰던 김 위원장이 미국 입장에서도 대화 상대로 부담이 적을 수도 있다는 판단이었을 것이다.

특히 김 위원장은 핵미사일 개발과 관련이 없어 그 동안 미국을 중심으로 한 국제사회의 대북제재 대상에 오른 적이 없다. 북한이 '정상국가'임을 과시하기 위해 헌법상 국가수반인 김 위원장을 보냈다고 볼 수 있다. 따라서 북한도 김영남 카드를 꺼내 평창 올림픽 기간 어떤 식으로든 미국과의 접촉을 끌어내 평창 모멘텀을 주도하겠다는 의지로 보인다. 또 북한이 그를 단장으로 파견한 것은 전 세계의 이목이 집중되는 국제무대에 북한이 정상적인 국가의 일원임을 과시하려는 것으로 보인다.[44] 올림픽 참가를 '대남시혜'로 여기는 북한은 연일 한국에 '청구서'를 보냈다. 올림픽 참가 대가로 북이 요구하는 것은 한결같이 국제사회의 대북제재 공조와 한·미 동맹을 흔드는 내용들이다. 북한은 미국과는 거리를 두는 모습을 보였다. 남측과는 화해 무드를 연출하면서도 미국과는 대립하는 통남봉미(通南封美)식 전술이다. 북한은 2월 8일 외무성 국장을 내세워 "우리 남조선 방문기간 미국측과 만날 의향이 없다"고 밝혔다.[45]

(6) 대북제재 무력화

북한이 2월 6일 평창 올림픽에 참가할 삼지연 관현악단 본진을 만경봉호로 보내겠다고 통보했다. 만경봉 입항은 북한 선박의 우리 해역 운항을 불허한 5.24 조치 및 북한에 들른 선박의 우리 항구 진입을 금지한 독자제재 등과 정면으로 충돌한다. 북한은 우리 제재에 순식간에 예외 구멍을 뚫었다. 북한은 이런 결과를 겨냥했던 것으로 보인다. 북한은 김정은 치적인 마식령 스키장에 전세기를 보내게 해 미 대북제재에도 예외를 만들었다. 김정은은 비핵화 협상을 위해 평창에 대표단을 보낸 것이 아니라 핵무장을 방해하는 대북제재를 무너뜨리려고 온 것이다. 북한은 남측에서 '제재 위반 논란'이 거세게 일자 예정했던 금강산 문화 행사를 일방적으로 취소했다.

김정은 위원장이 친동생 김여정 제1부부장을 한국에 보내기로 한 것은 국제사회의 전방위 대북제재를 무력화 시키고 대북 정책을 둘러싼 한·미간의 이견을 증폭시키려는 것이다. 김정은 특유의 음악 정치와 부드러운 이미지 정치에서 느꼈던 여성적 섬세함을 보이기 위해 김여정을 선택했을 것으로 보인다. 김여정은 문 대통령과의 대화에서도 '대통령님'이라고 호칭하며 깍듯한 모습을 보여 주었다. 그는 '평양 초청장'이라는 중대한 임무

---

44) "북,'정상국가'과시하며 명목상 국가수반 파견" 『조선일보』 2018. 2. 5
45) 『동아일보』 2018. 2. 8

를 전달하고 우리측 인사들에게 신뢰할 수 있는 인상을 심어준 적임자였다는 평가였다.[46] 신년사 이후 김정은은 남한의 마음을 얻고 대외적으로도 평화 이미지를 심는데 자신의 정치적 자원을 그야말로 '통 크게' 쏟아 붓고 있는 모습이다. 또 현송월→김영남→김여정의 순서로 방남 인사의 격을 단계적으로 높임으로써 남·북 관계를 자신들이 주도하고 있음을 과시했다.[47] 북한이 건군절 열병식을 비교적 조용히 넘긴 것도 북한이 주도중인 '평창공세'를 지켜보겠다는 의도로 보인다.

방한 후 거의 발언을 하지 않았던 김여정은 2월 10일 문 대통령과의 접견과 만찬에선 전권을 위임 받아 파견된 특사답게 북한측 대화를 주도했다. 김여정은 "문 대통령께서 통일의 새 장을 여는 주역이 되시길 바란다"고 말해 주변의 반대 세력들을 물리치고 적극 대북 정책을 펴달라고 간청한 것이다. 문 대통령이 평양 초청장을 받은 그날 북은 "미국에 맞서 핵 억지력을 질량적으로 강화할 것"이라는 담화를 발표했다. 한·미를 이간하려는 분명한 술책이다. 김정은이 김여정 특사 카드로 국제 사회의 고강도 대북제재를 완화하고 숨통을 트기 위한 전력을 기울이는 모습이었다.

김정은 위원장이 여동생 김여정을 통해 제안한 남·북정상회담은 북한이 가진 '최고의 대남카드'이다. 그만큼 대북제재로 위기에 몰린 김정은에게 신속한 남·북 관계 개선의 필요성이 생긴 것이다. 이는 '비핵화 없인 제재 완화도 없다'는 미국보다는 일단 남한을 먼저 상대하겠다는 의도이다. '핵과 평화는 공존 가능하다'는 논리로 문재인 정부와 남한 사회를 흔들어 제재를 약화시키고 한·미 관계를 이간 시키려는 것이다.[48]

북한 통신에 따르면 김정은은 "이번 올림픽 대회를 계기로 화해와 대화

46) 『동아일보』 2018. 2. 13
47) 전직 정보기관 관계자는 이같이 평가했다. 『조선일보』 2018. 2. 8
48) 북, 핵 안 건드리고 살 길 찾으려 '남 흔들기' 『조선일보』 2018. 2. 12

의 좋은 분위기를 더욱 승화시켜 훌륭한 결과들을 계속 쌓아나가는 것이 중요하다"고 했다. 그러면서 향후 남·북 관계 개선, 발전 방향을 구체적으로 제시하고 각 부분에서 이행할 실무적 대책들을 지시했다.[49] 결국 대남 평화 공세를 계속 이어 가겠다는 뜻으로 풀이된다. 북한의 의도는 결국 남남갈등을 유도하면서 국제사회의 대북제재를 무력화 시키겠다는 것으로 볼 수 있다.

3) 한국의 평창 동계올림픽을 통한 대북 전략

(1) 남·북 화해의 실마리

문재인 정부는 한반도 평화 정착을 대북 정책의 최우선 목표로 제시하고 북핵 문제의 평화적 해결 원칙과 남·북 문제의 '운전자론'을 강조하면서 북한의 평창 올림픽 참가와 남·북 대화 개최가 이 목표와 원칙을 관철하는 계기가 될 것으로 기대하고 있다.

북한의 평창 동계올림픽 참가 논란이 확산되자 청와대는 공식 입장을 발표하며 적극적인 여론전에 나섰다. 청와대는 1월 21일 '평양, 평창, 평화'라는 제목의 입장문에서 "북한의 올림픽 참가는 평창 올림픽을 성공적으로 치르는데 기여할 것"이라며 올림픽 성공을 위해선 북한의 역할이 중요하다고 강조했다.[50] 청와대는 북한의 참가 효과로 한반도 긴장 완화와 평화 구축을 위한 실마리 제공, 올림픽 기간 미·북 군사행동 중단 약속, 평창 올림픽 흥행, '코리아 디스카운트' 완화 등을 강조했다. "북한의 올림픽 참가는 전 세계적 관심을 높이는데 긍정적 역할을 하고 있다"고 했다.

문재인 대통령은 1월 22일 북한의 평창 올림픽 참가와 남·북 대화에 대해

49) 『북한노동신문』 2018. 10. 13

50) 윤영찬 대통령 국민소통 수석비서관은 이같이 밝혔다. 『동아일보』 2018. 1. 22

"지금과 같은 기회를 다시 만들기 어려운 만큼 국민들께서는 마치 바람 앞의 촛불을 지키듯 대화를 지키고 키우는데 힘을 모아 달라"고 말했다. 문 대통령은 "북한의 평창 올림픽 참가와 이를 위한 남·북 대화는 그 자체로서 의미가 크며, 우리 경제에도 많은 도움이 될 것"이라고 하면서 큰 기대감을 보였다. 특히 문 대통령은 남·북 대화가 비핵화 대화로 이어져야 한다는 점을 강조했다.[51)]

평창 올림픽을 계기로 조성된 남·북 대화는 잘하면 북핵 해결의 징검다리가 될 수 있다는 것이다. 현 상황에서 남·북 대화의 채널이 열려있다는 것은 분명히 도움이 될 것이다. 다만 그 전제는 북한이 국제 제재를 모면하기 위해 남·북 대화에 나왔던 것처럼 대북제재는 흔들림이 없어야 한다는 것이다.

(2) 미·북 대화 계기 마련

한국 정부는 올림픽이 끝난 후 한·미 훈련이 재개되기 전 북한과 미국간의 대화가 이뤄지기를 바라고 있다. 조명균 통일부 장관은 1월 26일 '한반도 전략 대화' 기조 강연에서 미국이 현재 진행되는 상황에 대해 우려도 하고 우리 정부에 대해 여러 의구심을 갖고 있어 신경을 쓰고 있다며 한·미 훈련이 재개되기 전까지 미·북 대화를 유도하고 싶다는 뜻을 밝혔다. 조 장관은 "유엔 휴전 결의안이 평창 동계올림픽, 패럴림픽이 끝나고 일주일 후인 3월 25일까지 적용되는데 이 기간 안에 미·북 간에 대화가 시작될 수 있도록 견인해 내는 것이 관건"이라고 했다. 북한과 미국을 최대한 설득해 대화 분위기를 띄워 보려는 것이다. [52)]

정부와 여당은 "북한이 평창 동계올림픽 개막식 전날 열병식을 열지만 이는 올림픽과 무관하다"는 주장을 했다. 이에 대해 북한의 의도가 확인

---

51) 『조선일보』 2018. 1. 23
52) 『조선일보』 2018. 1. 27

되지 않은 상황에서 북한을 대변하는 모습을 보이고 있다는 지적이 나왔다. 조명균 통일부 장관은 1월 27일 연합뉴스와의 전화 통화에서 "열병식은 북한의 내부적 수요에 따른 행사이고 올림픽을 겨냥해 갑자기 하는 게 아니다"라고 말했다.[53)]

(3) 남·북 화해 무드 조성

정부가 평창을 통해 북과 대화 통로를 열고 유지하겠다는 생각 자체는 필요하다. 정부는 평창 올림픽을 계기로 시동이 걸린 남·북대화를 미·북 대화로 이어나가 북핵 문제를 풀겠다는 구상을 밝혀왔다. 그러나 북한은 1월 한달 동안 합의했거나 사전에 알려왔던 일정이나 계획을 제멋대로 세 차례나 변경하거나 파기했다. 남·북 화해 무드 속 "평화 올림픽"이라는 상징적 이벤트에 집착한 나머지 북한에 제대로 따지지도 못하는 분위기이다. 정부는 남·북 관계 악영향을 미칠 것을 우려해 북측에 "합의한 사항을 반드시 이행해야 한다"며 원칙론 수준의 촉구만 했다.

정부는 북한의 평창 동계올림픽 참가를 돕기 위해 2월 1일까지 2억 5천만원 이상을 썼는데 "호텔 숙박비 KTX 임시 편성 등 교통비, 식비, 각종 부대비용 등을 계산하면 29억원을 넘길 전망"이다.[54)] 정부는 외교부를 중심으로 북한 대표단에 대해 직·간접적 지원이 안보리 대북제재 결의와 미국 등의 독자 제재에 저촉되는지 여부를 심층 검토 중인 것으로 알려졌다.

한·미 양 정상은 지난 2월 2일 밤 전화 통화를 가졌다. 두 정상은 '올림픽 성공적 개최'에는 한 목소리를 냈지만 '포스트 평창' 대북전략에선 '압박과 대화'로 인식 차이를 보였다. 청와대 핵심 관계자는 "미·북 대화 가능성을 타진 해 보는 조심스러운 통화"라고 했다. 트럼프 대통령은 별다른 대답을 하지 않았지만 미국은 평창 이후 대북 압박을 강화하겠다는 기조가 명

---

53) "올림픽 전날 북한 열병식, 평창과 무관" 해명 급급한 통일장관 『조선일보』 2018. 1. 29

54) "정부, 북 참가단에 29억 넘게 지원할 듯" 『조선일보』 2018. 2. 8

확했다. 청와대 관계자는 "우리는 평창이 미·북 대화로 가는 단초가 되기를 기대하는데, 미국의 압박, 제재 기조는 변한 것 같지 않다"고 했다.[55]

(4) 북핵 문제 출구 역할

문재인 정부는 북한의 평창 올림픽 참가를 통해 '남·북대화 → 미·북 대화 → 북핵 문제 출구'로 이어지는 그림을 그리고 있다. 이를 위해 '제재위반, 저자세 논란'을 감수할 수 있다는 입장이다. 그러나 현재 돌아가는 상황은 정부의 기대와는 간극이 크다. 북한은 평창 참가를 남한에 대한 시혜로 여기며 "핵 문제는 꺼내지도 말라"고 하고 있다. 미국은 이런 북한에 대해 인내심의 한계를 보이며 '군사 옵션'을 어느 때보다 진지하게 검토하고 있다는 정황이 확인되고 있다. 중요한 연결 고리인 '미·북 대화' 견인 시 현시점에서 현실성이 크지 못하다.

한국 정부는 육로로 오겠다던 북 삼지연 악단이 만경봉호로 오겠다는 것을 그대로 받아줬다. 천안함 폭침에 대응해 북 선박 입항을 금지했던 우리 제재는 순식간에 '예외' 구멍이 뚫렸다. 정부는 김정은 치적인 마식령 스키장에 전세기를 보내 미 대북제재에도 예외를 만들었다. 정부는 북한 고위급 대표단에 포함된 최휘 노동당 부위원장과 김정은 북한 노동당 위원장의 여동생 김여정 제1부 부장을 예외적으로 제재를 풀어줬다. 앞으로도 이 같은 예외 적용은 잇따를 가능성이 높다. 정부 내에서는 국제 사회의 눈총을 받으며 북한에 끌려 다니는 것에 대해 불편해 하는 기색이 감지되고 있다.[56]

정부는 올림픽을 치르면서 이미 대북제재를 일부 해제하고 한·미 군사훈련도 연기했다. 그러나 북의 요구는 갈수록 늘어나고 미·일의 대북 압박 강도는 세지고 있다. 이 과정에서 한·미 훈련에 대한 정부의 태도도 모호해지고 있다. 얼마 전까지는 "올림픽이 끝나면 정상 실시한다"고 했지만

55) 문 대통령 "대화" 트럼프 "압박"... 평창 이후 다른 곳을 본다. 『조선일보』 2018. 2. 5
56) 평창은 예외, 예외... "희망적 사고" 『조선일보』 2018. 2. 7

지난 2월 5일 국회 대정부 질문에서 이낙연 총리는 "올림픽을 눈앞에 둔 시점에서 훈련 재개 얘기는 적절치 않다"며 명확한 답을 내놓지 않았다.

정부는 기본적으로 북한의 올림픽 참가를 계기로 미·북 간 대화 모멘텀이 이뤄지기를 기대하고 있다. 무리한 북한 요구를 대부분 들어준 것도 그 때문이다. 그러나 미국의 태도는 "미국이 먼저 대화 테이블에 앉을 가능성은 제로"라고 잘라 말했다.[57] 한편 문 대통령은 펜스 미국 부통령을 만나 "이 기회를 최대한 활용해 북한을 비핵화와 평화 정착을 위한 대화의 장으로 이끌어 내기 위해 다각적으로 노력해야 한다."고 강조했다.

문재인 대통령은 안토니우 구테흐스 유엔 사무총장을 만나 "평창 이후 찾아올 봄을 고대한다"며 미·북 대화를 통한 한반도 비핵화와 평화 체제 구축을 기대했다. 하지만 북한은 전세계를 위협하는 핵미사일을 과시하며 비핵화를 거부하고 있고, 미국은 완전한 북핵 폐기를 위한 최대의 압박을 더욱 강하게 밀어 붙이고 있다. 문 대통령의 평화 중재 외교는 이런 미·북 사이에 끼어 한 발짝도 진전을 보지 못하고 있는 형국이다. 미·북 간 해법 없이 남·북의 연결과 소통만으로 한반도 평화는 결코 이뤄질 수 없다.

평창 올림픽 개막식 참석차 2월 9일 내려온 북한 고위급 대표단을 위해 우리 정부는 통일부 장차관 국가 안보실 2차장(차관급) 등 3명을 영접자로 인천공항에 내보냈다. 외빈 공항 영접에 장관 1명과 차관급 2명이 동시에 나선 것은 의전 관례를 벗어난 일이라는 것이다.

(5) 남·북 정상회담 여건 조성

문재인 대통령은 2월 10일 청와대를 방문한 김여정에게서 김정은의 친서

---

57) 방한 중인 조셉 윤 미국무부 대북정책 특별대표는 이같이 말했다. 『조선일보』 2018. 2. 8

와 함께 평양 초청 의사를 전달 받고 "여건을 만들어서 성사시키자"고 말했다. 부인도 확답도 아닌 조건적 수용으로 해석되기도 했으나 청와대로서는 정상회담은 꼭 하고 싶은데, 대북제재라는 큰 흐름에 엇박자를 내는 것이 아니냐는 미국 등 국제사회의 우려를 의식한 것으로 보인다. 그러나 청와대 관계자는 "대통령도 정상회담에 적극적인 의지를 가지고 있어 사실상 수락한 것으로 봐도 된다"는 말도 했다. 정부는 국빈급 예우로 김여정을 맞아 주었다.

노동신문은 2월 11일 "문재인 대통령은 김정은 위원장님께서 신년사에서 밝히신 바와 같이 남·북관계를 어떻게 하나 당사자들끼리 풀어나가야 한다고 하면서 서로 긴밀히 협력하여 남·북 공동의 번영을 위해 한걸음 한걸음 나아갈 의지를 표명했다"고 외세를 배격하고 '우리민족끼리'를 내세우는 논조를 보였다.

정부가 평창 올림픽 이후 합의한 한·미 연합 훈련 재개에 대해 말을 흐리고 있다. 지난 달 말 합참은 "올림픽 이후 곧바로 훈련을 지속할 것"이라고 못박았다. 그때 우리 국방부도 "올림픽이 끝나고 나서 하는 것은 맞는다"고 했다. 그랬던 것이 김정은이 남·북정상회담 카드를 내밀자 정부의 입장은 흔들리고 있다. 김정은은 핵을 가지고는 있지만 궁지에 몰려있다. 대화를 하더라도 한·미 연합 훈련 재개 등 북에 대한 최대한의 압박을 병행하는 것은 당연하다. 핵을 갖고 제재도 피할 수 있는 길을 터 줄 수는 없다.

(6) 남·북, 미·북 대화 병행

청와대는 남·북대화와 미·북 대화를 병행하기 위한 방안을 마련하는데 집중할 방침이다. 다만 청와대는 미국의 반응이 아직 유동적인 만큼 속도를 조절하며 신중한 태도를 유지하고 있다. 북한은 미국과는 일단 선을 긋고 있다. 그렇다고 미·북 대화를 거부하는 것은 아니고 핵 포기를 전제로 한 대화에 응하지 않겠다는 것이고, 남측이 이런 북한의 입장을 대변해 주기를 바라고 있다. 김정은은 당분간 통남봉미(通南封美) 전술로 한·미 공조를 이간시키려 할 것이다. 미국은 대화의 문을 닫아둔 것은 아니지만 '비핵화 없는 미·북 대화는 안 된다'는 원칙을 고수하면서 추가 대북제재 강화 카드도 준비하고 있다.[58] 문 대통령도 2월 13일 "미국도 남·북 대화를 긍정적으로 보고 북한과의 대화 의사를 밝혔다"고 했다. 남·북 대화가 미·북대화로 이어지길 기대하는 문 대통령의 중재외교가 좋은 성과가 있기를 바랄 뿐이다.

4) 그러니, 어떻게? 대화냐 제재냐

반기문 전 유엔 사무총장은 평창 동계올림픽을 계기로 형성된 남·북대화 기조와 관련해 "올림픽이 끝난 뒤 비핵화에 대한 북한의 태도에 따라 오히려 국제 사회의 대북 압박은 더 강력해 질 것"이라고 말했다. 올림픽 후 남·북대화가 제대로 이어지지 않을 경우 다시 여러 문제가 생기고 북한이 오판하거나 오기로 도발할 경우에 국제사회의 강경 대응을 맞게 될 것이라는 것이다.[59]

올림픽 이후 북한은 한국과 미국을 분리 대응하려 할 것이다. 즉 북한이 한국에 이산가족 상봉과 같은 핵 문제를 제외한 대화를 제의하면서 연기됐던 한·미 연합 군사 훈련 중지나 대북제재 완화를 요구하고, 미국은 비핵화 문제에 진전이 없으므로 대북제재와 압박을 계속 할 때 한국은 진퇴양난에 빠질 수 있다. 이를 피하기 위해서는 이미 문 대통령이 언급한 "비핵화 없는 남·북대화는 없다"는 원칙을 고수하고 있다. 평창을 계기로 마련된 남·북대화의 기회에 너무 집착하면 결국 한·미 공조에 균열이 생기고 한국이 국제 제재의 외면으로 국제적 고립을 자초하게 될 것이다. '대화를 통한 평화'에만 집착하다가는 북한의 현금인출기 노릇을 면치 못할 것이

58) "'김정은'남·북대화 더 승화', 미국은'더 센 제재'경고" 『동아일보』 2018. 2. 14
59) 潘, "평창 이후 남북 화해 가능성 희박" 『동아일보』 2018. 1. 26

다. 우리 정부가 북한과의 교류에 집중하는 동안 미국과 일본은 대북제재가 이완되지 않도록 끊임없이 움직여왔다.[60]

북한과 대화를 유지, 지속시키기 위해서도 한·미 공조가 지속, 강화되어야 한다. 이를 위해 지금부터 한·미간에 평창 이후 한반도 상황을 어떻게 관리하고 개선해 나갈 것인지 긴밀히 협의하고 로드맵을 만들어야 한다. 북한이 도발하면 압박과 제재로 대응하면 된다.[61] 문제는 북한이 대화 분위기를 지속시킬 경우, 머리부터 여러 가지 가능한 시나리오를 마련하고 그들에 대응하는 방책을 미국과 함께 간구한다면 한·미 공조는 더욱 강화될 것이다. 한·미의 물샐 틈 없는 공조를 통해 북한의 의미 있는 변화와 협력을 이끌어내야 한다. 흔들림 없는 한·미 공조와 국민적 이해 및 합의는 필수적이다. 허황된 망상과 조급함 그리고 조바심을 버리고 세계 경제 강국으로서 당당하게 북한을 대해야 한다.

5) 우리의 기도

이 나라와 민족을 보호하시고 지키시는 하나님께 평창 동계올림픽을 즈음해 북한의 대표단과 선수단 및 예술단과 응원단 등이 남한을 방문하면서 전개되는 상황을 올려드리며 기도합니다. 첫째, 북한의 신년사에서 김정은이 전격적으로 제안한 평창 동계올림픽에 대표단 파견하면서 시작된 현 한반도 상황이 하나님의 뜻을 이루는 통로가 되게 하여 주옵소서.

욥기 5장 13~16절에 "지혜로운 자가 자기의 계략에 빠지게 하시며 간교한 자의 계략을 무너뜨리시므로 그들은 낮에도 어두움을 만나고 대낮에도

60) "남·북대화 가능케 한 대북제재, 누구도 손상시켜선 안 돼" 『조선일보』 2018. 1. 24
61) "북에 양보하는 실수 더는 없다"...'평창 이후'내다보는 트럼프" 『동아일보』 2018. 2. 1

더듬기를 밤과 같이 하느니라 하나님은 가난한 자를 강한 자의 칼과 그 입에서, 또한 그들의 손에서 구출하여 주시나니 그러므로 가난한 자가 희망이 있고 악행이 스스로 입을 다무느니라" 말씀하신 여호와여, 신년사에서 김정은의 전격 제안으로 진행되고 있는 남·북 관계가 오직 하나님의 선한 뜻을 이루는 도구로만 사용되도록 긍휼을 더하여 주옵소서.

둘째, 북한이 평창 동계올림픽에 참가하는 것이 미국을 비롯한 국제사회의 대북제재와 압박을 피하려는 탈출구로 악용하지 않게 하옵소서.

잠언 11장 14절에 "지략이 없으면 백성이 망하여도 지략이 많으면 평안을 누리느니라" 말씀하신 하나님, 북한이 핵을 포기하지 않는 한 미·북간의 대화가 어렵다는 강경한 미국의 입장에 대해, 남한을 움직여 한반도에서 주한미군을 철수시키고 북한의 통치하에 두겠다는 전략이 결코 성사되지 못하게 하시고, 도리어 이러한 전략이 북한이 핵을 포기해 평화정착을 가져오는 상황으로 전개되게 역사하여 주옵소서.

셋째, 남한의 위정자들이 정확하고 냉철한 통찰력을 가지고 남·북 관계를 지속해 갈 수 있도록 지혜를 주옵소서.

잠언 24장 6절에 "너는 전략으로 싸우라 승리는 지략이 많음에 있느니라" 말씀하신 지혜의 하나님, 평창 올림픽 참가를 남한에 대한 시혜로 여기며 '핵 문제는 꺼내지도 말라'고 못을 박고 남·북 관계에 임하는 북한을 상대하는 남한의 위정자들이, 핵을 절대로 포기하지 않겠다는 의지를 가진 북한의 입장을 애써 피하며 한반도평화를 도모하려는 환상을 버리고, 사실을 직시하며 하나님이 주시는 지혜와 지략으로 남·북관계에 임할 수 있도록 긍휼을 더하여 주옵소서.

넷째, 북한이 평창 올림픽 참가로 우리 제재에 대해 예외 상황을 만든 결과로 인해 북한의 핵 무장을 방해하는 대북제재를 무너뜨리지 않게 하여 주옵소서.

역대상 28장 9절에 “내 아들 솔로몬아 너는 네 아버지의 하나님을 알고 온전한 마음과 기쁜 뜻으로 섬길지어다 여호와께서는 모든 마음을 감찰하사 모든 의도를 아시나니 네가 만일 그를 찾으면 만날 것이요 만일 네가 그를 버리면 그가 너를 영원히 버리시리라” 말씀하신 여호와여, 평창 올림픽을 앞두고 만경봉 호 입항으로 북한 선박이 우리 해역 운항을 불허한 5.24 조치 및 우리 항구 진입을 금지한 독자제재 등에 대한 예외 상황을 만들었고, 마식령 스키장에 전세기를 보내 등 북한이 대북제재에 대한 더 많은 예외 적용을 시도하며 남한을 저들의 손아귀에 쥐고 도발을 일삼지 못하도록 주의 강한 손으로 막아주시옵소서.

다섯째, 한반도의 평화와 안정을 보장할 수 있는 분은 오직 하나님 한 분밖에 없음을 선포합니다.

시편 62편 7절에 “나의 구원과 영광이 하나님께 있음이여 내 힘의 반석과 피난처도 하나님께 있도다” 말씀하신 하나님께만 한반도의 평화와 안전이 있음을 선포합니다.

우리 정부가 비핵화 없는 남·북대화는 없다는 원칙을 고수하며 남·북 관계에 임하게 하시고, 평창을 계기로 마련된 남·북대화에 집착하거나 조급하게 서두르지 말고, 주변정세를 살피며 속도를 조절하고, 국제적 고립을 자초하는 어리석음에 빠지지 않도록 긍휼을 더하여 주옵소서.

예수 그리스도의 이름으로 기도합니다. 아멘

Ⅲ. 정상회담을 통해 본 북한 변화

1. 남·북 정상회담, 평가와 과제

2. 미·북 정상회담 의미와 과제

3. 북·중 정상회담, 관계 밀착 단초 되나?

3

정상회담을 통해 본 북한 변화

1. 남·북 정상회담, 평가와 과제

1) 남·미·북의 현존하는 군사 긴장

김정은 북한 국무위원장이 올해 신년사에서 "내 책상 위에 핵 단추 있다"고 위협하고, 도널드 트럼프 미국 대통령이 "난 더 크고 강력한 단추가 있다"고 맞받아쳤을 때 국제사회의 우려는 절정에 달했다. '리틀 로켓맨(김정은)'과 '빅 로켓맨(트럼프)'의 허튼 말싸움이 자칫 핵 전쟁으로 옮겨 갈 가능성이 있었기 때문이었다.

김정은은 2012년 집권 이후 60여 발의 탄도미사일을 동해와 태평양 쪽으로 발사했고, 한·미를 위협했다. 김정은은 2017년에만 다양한 사거리의 탄도미사일 20발을 발사했고, 이 가운데 미국 본토 또는 알래스카를 타격할 수 있는 사거리 5000km 이상의 탄도미사일을 화성 12형 6발 (3번 실패), 화성 14형 2발, 화성 15형 1발 등 9발에 이른다. 8월과 9월에 쏜 화성 12형은 정상 각도로 발사돼 각각 2700km와 3700km 떨어진 태평양 한복판에 떨어졌다.

김정은은 이때마다 미국에 위협적 언사를 퍼부었다. 5월 화성 12형 발사 직후에는 "미 본토와 태평양 작전지대가 우리의 타격권 안에 들어 있다"

고 했다. 미국 독립기념일(7월 4일)에 화성 14형을 쏜 뒤에는 "우리에게 받은 선물 보따리가 썩 마음에 들지 않을 것 같은데 앞으로 크고 작은 선물 보따리들을 자주 보내주자"고 했다.

북한은 지난해 8월 "위력 시위 사격이 단행된다면 미국 놈들의 숨통을 조이고 모가지에 비수를 들이대는 등 가장 통쾌한 역사적 순간이 될 것"이라고 했다.[62] 김정은은 또 9월 첫 본인 명의 성명에서 "미국의 늙다리 미치광이(트럼프 대통령)를 반드시 불로 다스릴 것"이라고 했다.

김정은은 "조선 전쟁의 아픈 역사를 되풀이 하지 않겠다"면서도 6·25 전쟁을 일으켜 수십만 명의 생명을 앗아간 것에 대해서는 사과 한마디 하지 않았다. 북한은 1972년 7.4 공동성명, 1991년 남·북 기본 합의서, 2007년 10.4 선언에서도 무력 불사용과 불가침을 약속했지만 이들 합의를 모두 휴지 조각으로 만들었다.

노동신문은 지난 4월 29일 '조선전쟁(6·25)은 미제가 일으킨 침략 전쟁'이라고 주장했다. 이런 맥락에서 "6·25를 되풀이 않겠다"는 김정은의 발언은 진정성이 없다. "왜 핵을 가지고 살겠느냐"는 김정은의 말도 과거 '핵개발 능력도 의사도 없다'고 했던 김일성의 말과 다르지 않다는 것이다.

김정은 국무위원장이 4월 27일 오전 파주 판문점 군사 분계선에서 문재인 대통령을 만나 평화의 집으로 이동할 때 "남·북 사이에 상처가 치유되는 계기가 됐으면 좋겠다"한 것은 의미 있는 일로 받아들여진다.[63]

한편 북한은 최근 들어 무력 증강보다 경제에 역점을 두는 발언을 지속하여 눈길을 끌고 있다. 북한은 지난 4월 20일 김정은 국무위원장 주재로

62) 실제 북한은 지난해 8월과 9월 화성 12형을 정상 각도로 쏘며 괌 타격 능력을 과시했다.
63) 『조선일보』 2018. 4. 28

노동당 중앙위 제7기 3차 전원회의를 열고 경제 건설에 집중한다는 새로운 전략 노선을 채택했다. 2013년 3월 이후 김정은이 내세웠던 병진노선(핵과 경제 동시 발전)이 막을 내린 것이다.

북한 노동신문은 지난 5월 1일 사설에서 "자력 갱생으로서 번영의 활로를 열고 훌륭한 미래를 앞당겨 내야 한다"고 강조했다. 북한이 핵 관련 언급을 자제하고 '경제'를 부쩍 띄웠던 것은 남·북, 미·북 회담을 앞두고 협상력을 높이기 위한 전략으로 보인다. 이는 북한이 한국을 비롯한 국제사회에 비핵화 반대 급부로 경제지원, 제재완화 등을 요구하는 간접 메시지로 분석된다.

2) 남·북 '판문점 선언'

2018년 4월 27일 문재인 대통령과 김정은 국무위원장이 판문점 남측 평화의 집에서 열린 정상회담 결과 "한반도 평화와 번영, 통일을 위한 판문점 선언"에 합의했다. 남과 북은 연내 종전선언, 평화협정을 추진하고 '각계각층의 다방면적인 협력과 교류왕래와 접촉'도 활성화 하기로 했다. '판문점 선언'은 "남과 북은 완전한 비핵화를 통해 핵 없는 한반도를 실현한다는 공동의 목표를 확인하였다"고 '완전한 비핵화', '핵 없는 한반도'를 명시했다. 그러면서 남과 북은 "각기 자기의 책임과 역할을 다하고 국제사회의 지지, 협력을 위해 적극 노력하기로 했다"고 덧붙였다.

김정은 국무위원장은 남·북 정상회담에서 다음 달 안에 풍계리 핵실험장을 폐쇄할 것이며, 이때 한·미 전문가와 언론인을 초청하겠다고 밝혔다.

김정은은 "와서 보면 알겠지만 기존 시설보다 큰 2개의 갱도가 더 있고 아주 건재하다"며 단순한 쇼가 아닐 것임을 강조했다고 한다. 또 "우리와

대화해 보면 내가 미국에 핵을 쏘기나 할 사람이 아니라는 걸 알게 될 것이다. 신뢰가 쌓이고 종전(終戰)과 불가침을 약속하면 왜 우리가 핵을 가지고 어렵게 살겠느냐"며 미국과의 대화에 열을 보이기도 했다. 김정은은 문 대통령과의 오찬 회담에서 트럼프 미국 대통령에게 미·북 수교를 조건으로 완전하고 신속한 비핵화에 대한 자신의 메시지를 전해 달라고 문 대통령에게 당부했다고 한다.[64)]

두 정상은 올해 안에 6·25 전쟁의 종전(終戰)을 선언하고 정전협정을 평화협정으로 전환하여 평화 체제 구축을 위한 남·북·미 3자 또는 남·북·미·중 4자회담 개최를 적극 추진해 나가기로 했다. 기존 2007년 10.4 정상선언에 명시된 정전선언 추진의 시한과 3개 또는 4개 합의 국가를 구체적으로 명시했다. 그러나 종전 선언과 평화협정 주체에 대해서는 여전히 모호하게 남겨뒀다.[65)]

두 정상은 앞으로 정기적인 회담과 직통전화를 통해 수시로 논의하기로 했으며, 다음 정상회담은 올 가을 평양에서 열기로 했다. 2000년 6.15 공동 선언에 명시된 서울 답방은 이번에도 무산됐지만, 적어도 가을까지는 비핵화와 평화 체제의 로드맵을 완성한다는 목표를 설정할 것으로 볼 수 있다. 27일 오후 두 정상은 판문점 내 도보다리에서 산책을 겸해 30분 가량이나 둘만의 '벤치회담'을 가졌다.[66)]

문 대통령과 김정은 국무위원장은 군사적 긴장 상태와 전쟁 위험을 해소하기 위한 몇 가지 합의를 이뤄냈다. 상대방에 대한 일체의 적대 행위를 전면 중지하기로 했다. 당장 다음 달 5월 1일부터 군사분계선 일대의 확성기

---

64) "수교 조건부...트럼프에 전해달라" 문 대통령과의 오찬 회담서 언급. 『동아일보』 2018. 4. 30

65) 김정은이 군사분계선을 넘은 것은 할아버지 김일성부터 3대를 통틀어 정전 협정 체결 이후 65년 만이다.

66) 『조선일보』 2018. 4. 28

방송과 전단 살포를 중지하고, 비무장지대(DMZ)를 실질적 평화지대로 만들어 나가기로 했다. 그러나 DMZ 내부의 초소나 중화기를 빼는 등 비무장화를 위한 구체적 방안은 거론하지 않은 채 남·북간 군사회담으로 넘겼다.

이번 회담에서 김정은은 북한 지도자로선 최초로 우리 국군 의장대를 사열했고, 문재인 대통령은 북한군 수뇌부의 거수 경례를 받았다. 여전히 국제법적으로 전쟁 상태에 있는 상대국 원수를 향해 양측이 예우를 갖춘 것은 각별한 의미가 있는 이벤트였다. 그러나 동족 상잔의 전쟁이 남긴 깊은 상흔은 아직도 남아있다.

특히 두 정상은 서해 북방한계선(NLL) 일대를 평화수역으로 만들어 안전한 어로활동을 보장하는 대책을 세우기로 했다. 이 문제는 이미 10.4 선언에서 합의돼 우리사회 내부에 'NLL 무력화' 라는 거센 논란을 불러 일으켰던 문제이다. 섣불리 접근해서 서해 5도의 안전을 위협하는 일이 있어서는 안 될 것이다.

이번 '판문점 선언' 에는 개성에 남·북 공동 연락 사무소 설치, 올해 아시아 경제의 공동참여, 8.15 광복절 이산가족, 친척 상봉 등 다양한 교류 협력 행사도 포함됐다. 그러나 남·북이 10.4 선언에서 합의된 사업들을 적극 추진하고 1차적으로 동해선 경의선, 철도와 도로의 연결 보수 공사를 위한 대책을 취하기도 한 것은 여전히 계속되는 국제적 대북제재와 충돌할 소지가 있다.[67] 10.4 선언은 서평화 협력지대 설치, 백두산 관광사업 추진 같은 북한에 주는 긴 '선물 목록' 이라는 평가가 많았다.

지난 4월 27일 오전 남·북 정상회담 만찬 직전 열린 환담 도중 김정은 국무위원장은 2015년 '평양시각' 을 도입한지 3년만에 원상 복귀를 하겠다는

---

67) 남북 교류 협력의 확대나 종전선언 등은 어디까지나 비핵화 완수를 전제로 한 조건부여야 한다.

입장을 밝혔다. 청와대에 따르면 이날 김정은은 "평화의 집 대기실에 시계가 두 개 걸려 있는데 하나는 서울 시각, 하나는 평양 시각을 가리키고 있어 매우 가슴 아파했다"면서 "북과 남의 시간부터 먼저 통일하자"며, 김정은은 "우리 측이 (표준 시각을) 바꾼 것이니 우리가 원래대로 돌아가겠다. 이를 한국이 대외적으로 발표하기로 했다"고 밝혔다.[68]

3) 풀어야 할 중점 과제

(1) '완전한 비핵화'

지난 4월 27일 문재인 대통령과 김정은 북한 국무위원장이 판문점 평화의 집 앞에서 '판문점 선언문' 공동 발표를 했다. 문 대통령은 먼저 나서 "오늘 김정은 국무위원장과 나는 완전한 비핵화를 통해 핵 없는 한반도를 실현하는 것이 우리의 공동 목표라는 것을 확인했다"며 서두부터 남·북이 '완전한 비핵화'에 합의했음을 강조했다.

그러나 뒤이어 연단에 나선 김 위원장의 발표는 다소 다른 내용이었다. 그는 "무엇보다 온 겨레가 전쟁 없는 평화로운 땅에서 번영과 행복을 누리는 새 시대를 열어갈 확고한 의지를 같이하고 실천적 대책에 합의했다"고 강조하면서도, 평화의 전제 조건인 비핵화 문제는 본인 입 밖으로 내지 않았다. 한반도 '비핵화'라는 문구가 선언문에 포함됐지만 그 실행 의지에는 차이가 있다.

남·북 정상이 서명한 '판문점 선언'에는 비핵화란 단어가 총 3번 등장한다. '비핵화'를 문구에 넣으려는 청와대의 노력이 반영된 것이지만 '완전한 비핵화를 통해 핵 없는 한반도를 실현한다', '비핵화를 위한 국제사회의

---

68) 김정은, 일방적으로 바꿨던 '평양시각' 3년 만에 원위치" 『동아일보』 2018. 4. 30

지지와 협력을 위해 적극 노력하기로 하였다'는 표현들은 원론적 차원이었다. 반면 북한이 이행해야 할 앞으로 비핵화 조치에 대해서는 "자기 책임과 역할을 다하기로 했다"는 두루뭉실한 입장에 우리가 동의한 것이다.

이런 인식 차는 두 정상의 선언문 발표에서도 분명하게 드러났다. 문 대통령은 '완전한 비핵화'를 꼭 집어 4번이나 언급했지만, 김 위원장은 비핵화란 말 자체를 입 밖으로 꺼내지 않았다. 문 대통령은 "한반도의 완전한 비핵화를 위한 소중한 출발이 될 것입니다. 앞으로 완전한 비핵화를 위해 남과 북이 더욱 긴밀히 협력해 나갈 것을 분명히 밝힙니다"라고 강조했다. 한편 선언문에 '완전한 비핵화'란 문구가 삽입된 것은 적지 않은 의미가 있는 것으로 풀이된다.

어쨌든 이번 정상회담의 최대 관심사였던 '완전한 비핵화'가 명문화 됐지만 이를 '남·북 공동의 책임'으로 뭉뚱그리는 원칙적이고 선언적인 문구에 그친 것은 아쉽다. 국제사회가 강조하는 '완전하고 검증 가능하며 불가역적인 비핵화(CVID)인지도 불분명하다. 아울러 선언은 "남·북은 북측이 취하고 있는 주동적인 조치들이 대단히 의의 있고 중대한 조치라는데 인식을 같이 했다"는 모호한 표현을 썼다.[69]

김정은은 지난 3월 초 우리 방북 특사단에 "군사적 위협이 해소되고 체제 안전이 보장되면 핵을 보유할 이유가 없다"고 밝혔다. 그런 간접적 의사 표명은 남·북 선언에 담았지만 여전히 '조건부 비핵화' 기조에서 벗어나지 않았다. 김정은은 공동기자 회견에서도 자신의 육성으로 '비핵화'를 직접 언급하지 않았다. 결국 지난번 회담에서는 비핵화와 평화체제에 대한 분명한 합의를 이루지 못한 채 한 달여 뒤 이어질 김정은과 트럼프 대통령 간 미·북 정상회담으로 넘겼다고 볼 수 있다.

69) "'판문점 선언문'에 비핵화 넣었지만 구체적 이행 방안, 시기 빠져" 『조선일보』 2018. 4. 28

북한이 비핵화의 대가로 내밀 청구서도 아직 제대로 드러나지 않은 상황이다. 김정은이 문 대통령에게 앞으로 미·북 대화에 열의를 보이며 신뢰구축과 종전 불가침을 거론했다지만 여전히 구체적인 요구조건은 공개되지 않고 있다. '북한 비핵화'가 아닌, '한반도 비핵화' 합의 속에 감춰진 내용이 무엇이냐에 따라 미·북간 협상의 진퇴가 결정 될 수 있다. 과거 북핵 협상 과정에서 그리고 합의문 서명 이후에 늘 그랬듯이 북한은 갖가지 협상전술로 상대를 곤혹스럽게 만들었다. 이런 맥락에서 김정은의 변신을 낙관적으로 볼 수만은 없는 이유이다.

(2) 종전선언. 평화협정 문제

'판문점 선언'에는 종전선언과 평화협정 전환을 추진한다는 내용이 들어있다. 추진 시점도 정전 협정 65년인 올해로 못박았다. "항구적이고 공고한 평화 체제 구축을 위한 남·북·미 3자 또는 남·북·미·중 4자회담 개최를 적극 추진해 나간다"는 내용도 눈에 띈다. 문재인 대통령에 따르면 "종전체제를 끝내고 종전선언을 거쳐 평화 협정의 체결로 나가야 한다"는 것이다.[70)]

청와대는 이에 대해 자료를 배포하고 "올해 종전을 선언하고 평화 체제 구축 노력을 본격 시작 함으로서 한반도와 동북아의 안보 환경을 근본적으로 변화시키는 계기가 될 것"이라고 했다. 그러나 핵 무력 완성을 선언한 북한의 비핵화 로드맵이 구체화되지 않은 상황에서 시기를 못박아 종전 선언을 추진하는데 우려의 목소리가 있다. 종전 선언에 앞서 6·25 남침에 대한 북한의 사과가 선행되어야 한다.

문제는 종전선언 이후다. 평화 체제 구축을 위해서 평화 협정 체결과 군사적 긴장 완화가 병행되어야 하는데 어느 것 하나 쉽지 않다. 평화 협정

70) 문재인 대통령은 지난 4월 19일 언론사 사장단과의 오찬에서 이같이 말했다.『조선일보』2018. 4. 20

만 해도 미·북 국교정상화, 유엔사 해체, 주한 미군의 지위와 전시 작전 통제권 전환 문제, 남·북한 해상 경계선 확정 문제 등이 복잡하게 얽혀 있다. 가장 큰 걸림돌은 북핵 문제이다. 비핵화 성과가 없으면 평화 체제 논의 자체가 어렵다.

청와대는 "북한의 비핵화 의지가 분명하다"고 믿고 있지만, 지금까지 북한은 비핵화 의지를 공개적으로 밝힌 적이 없다. 오히려 지난 4월 20일 당 중앙위 전원회의는 '핵 보유국' 임을 선언했다. 앞으로 미·북 정상회담에서 비핵화에 대한 북한의 약속이 있어야 가능하다. 종전선언과 평화협정 체결 문제는 결국 미·북 정상회담의 영향을 받을 수밖에 없다.

(3) '서해 평화 수역' 문제

남·북 정상들의 '판문점 선언문' 에는 서해 북방 한계선(NLL) 일대 해역을 '평화 수역' 으로 만들어 우발적 군사적 충돌을 방지한다는 내용이 포함돼 있다.[71] '서해 평화 수역' 은 2007년 2차 남·북 정상회담 때도 합의됐지만 실현되지 못했고, 지난 2007년과 2012년 대선에서 '노무현 정부의 NLL 포기' 논란도 있었다.

'판문점 공동 선언' 은 "남과 북은 서해 북방 한계선 일대를 평화 수역으로 만들어 우발적인 군사 충돌을 방지하고 안전한 어로 활동을 보장하기 위한 실제적인 대책을 세워 나가기로 하였다"고 밝혔다. 그동안 북한은 NLL을 인정하지 않고 해상경계선, 서해경비계선 등의 표현을 써왔다.[72]

2007년 당시 노무현 대통령과 김정일 국방 위원장이 합의했던 10. 4 선언에는 '서해의 우발적 충돌 방지를 위해 공동어로 수역을 지정하고 평화

71) 당초에는 예상하지 못했던 매우 민감한 사안이었다.

72) 북한이 NLL을 인정한다는 의미인지는 불확실하다.

수역으로 만든다'는 내용이 포함됐다. 그 뒤 남·북 안에는 서해 경비계선과 공동어로 수역 등을 논의했으나 결국 합의를 보지 못했다. NLL 일대 평화 수역 문제는 앞으로 열릴 남·북 장성급 회담에서 핵심의제가 될 것이다.

(4) 단계적 군비축소

남·북 양 정상은 '판문점 선언'에서 "군사적 긴장이 해소되고 서로의 군사적 신뢰가 실질적으로 구축되는데 따라 단계적으로 군축을 실현해 나가기로 했다"고 밝혔다.[73] 군축은 통상 '① 군사적 신뢰구축 → ② 운용적 군비 통제 (병력, 장비 후방 철수) → ③ 구조적 군대 통제 (병력, 장비 단계적 감축)' 단계로 진행된다.

군 일각에서는 군축이 북한군에게만 유리한 결과로 나타날 수 있다는 우려가 있다. 북한군은 공격, 한국군은 방어 위주의 작전 계획을 수립해 왔다. 따라서 군축이 이뤄질 경우 우리군의 방어력 약화만 불러 올 수 있다는 것이다.

두 정상은 특히 지상과 해상, 공중을 비롯한 공간에서 군사적 긴장과 충돌의 근원이 되는 일체의 적대 행위를 전면 중지하기로 했다. 군 관계자는 "북한은 방어 성격의 한·미 연합 훈련을 대북 적대 행동이라고 비판해 왔는데 앞으로 판문점 선언을 근거로 한·미 훈련 중단과 주한미군 철수를 요구할 수 있다"고 우려했다. 북한이 '우리민족끼리'를 강조한 것도 '남·북 대 미국' 구도를 만들려는 북한의 의도에 악용될 소지가 있다.

(5) '통일의 꿈'은 멀어져

남·북 정상은 회담을 통해 '한반도의 평화와 번영, 통일을 위한 '판문점 선언'에 합의했다. 그러나 남·북 정상은 평화와 번영에 대해서는 심도 있는

73) 남북간에 '군축'이 공식 언급된 건 1992년 체결된 남북 기본합의서 이후 처음이다.

합의를 하면서도 정작 통일에 대해서는 "남과 북은 자주 통일의 미래를 앞당겨 나갈 것"이라는 표현뿐이었다. 통일의 방법에 대해서는 '이미 채택된 남·북 선언들과 모든 합의 등을 철저히 이행함으로써' 라고 단언했다.

2000년 6.15 공동선언에 나온, 남측 연합제안과 북측의 낮은 단계 연방제의 공통성' 을 의미한다. 문재인 대통령도 '베를린 선언' 에서 두 개의 국가 인정도 시사했다. 지난 3월 초 김정은이 대북 특사단에 밝혔듯이 핵을 포기시키기 위해 북한의 체제 안전을 보장해줘야 한다는 것이다. 문 대통령도 3월 21일 "남·북이 함께 살든, 따로 살든 서로 간섭하지 않고 서로 피해주지 않고 함께 번영하며 평화롭게 살 수 있게 만들어야 한다"고 했다.

대한민국은 한반도 유일한 합법정부로 유엔이 승인했다. 한·미 동맹은 북한을 가상의 적으로 상정한 동맹이어서 남·북 두 정상국가의 적대관계가 해소되면 무의미한 동맹이 될 수 있다. 실제로 지난 정상 회담에서 초미의 관심사는 북한의 비핵화였지 통일은 아니었다. 핵 포기를 대가로 김정은 체제를 보장해 준다면 통일은 물 건너 갈 수도 있다. 김정은의 체제가 보장되면 통일은 그 만큼 멀어지기 때문이다.[74)]

(6) 청와대 신중론

남·북 정상회담을 통해 '판문점 선언' 이 도출되고 미·북 정상회담의 장소로 판문점이 거론되면서 진보 진영을 중심으로 장밋빛 전망이 확산되고 있는 가운데 청와대는 속도 조절에 나선 것으로 보인다. 자칫 큰 낙관론은 역풍을 맞을 수 있기 때문이다. 평화 협정에 대해서도 청와대는 신중한 태도이다. 종전 선언과 평화 협정을 2단계로 나누고 올해 종전 선언을 하더라도 평화 협정 체결을 완료하려면 적지 않은 시간이 걸린다.

---

74) 조선 노동당 국제 담당 비서였던 황장엽씨는 "민주주의를 제대로 하면 통일은 저절로 될 것" 이라고 했다.『동아일보』 2018. 5. 7

비핵화 논의의 결론은 미·북 정상회담을 통해 트럼프 대통령이 결정해야 하기 때문이다. 백악관이 최종 결심하고 이를 김정은이 수용해야 그 뒤에 이어질 지원을 이끌어 낼 수 있다. 청와대에 따르면 "비핵화 논의의 첫발을 잘 뗀 건 맞지만 결실을 맺으려면 비핵화를 위한 사실상의 마지막 기회인 미·북 정상회담이 절대적으로 중요하다. 신중에 신중을 기할 수 밖에 없다"라고 밝혔다.[75]

4) 과제와 전망

김정은 국무위원장은 지난 3월 초 우리 방북 특사단에 "군사적 위협이 해소되고 체세 안선이 보상된나면 핵을 보유할 이유가 없다"고 밝혔다. '판문점 선언'에서도 여전히 '조건부 비핵화' 기조에서 벗어나지 못했다. 김정은은 공동 기자 회견에서도 자신의 육성으로 '비핵화'를 직접 언급하지 않았다. 결국 '판문점 선언'에서는 비핵화와 평화 체제에 대한 분명한 합의를 이루지 못한 채 뒤에 이어질 김정은과 도널드 트럼프 대통령간 미·북 정상회담으로 넘겼다고 볼 수 있다. 트럼프 대통령은 트위터를 통해 "좋은 일들이 벌어지고 있지만 시간이 지나봐야 알 수 있다"고 유보적 태도를 보였다. 미·북 정상회담에 앞서 문 대통령은 5월달 한·미 정상회담과 한. 중. 일 정상회의를 통해 한반도 평화를 위한 주변국들과의 협력 체제를 구축해야 한다.

남·북 두 정상은 정기적인 회담과 직통 전화를 통해 수시로 논의하기로 했으며, 다음 정상회담은 올 가을 평양에서 열기로 했다. 2000년 6.15 공동선언에서 명시된 서울 답방은 무산됐지만, 적어도 가을까지는 비핵화와 평화체제의 로드맵을 완성한다는 목표를 설정한 것으로 볼 수 있다. 4월 27일 오후 실무진이 합의 문구를 나듬는 사이 두 정상은 판문점 내 노보다리

75) 『동아일보』 2018. 5. 3

에서 산책을 겸해 30분가량이나 둘만의 '벤치회담'을 가졌다. 이 같은 소통의 가치가 김정은의 비핵화 의지를 확고히 하고 평화를 앞당기는 계기가 됐기를 기대해 본다.

첫술에 배부를 수는 없다. 지난번 남·북 정상회담은 비록 기대에는 좀 미흡하더라도 새로운 한반도 평화의 역사를 쓰기 위한 시작이 될 수 있을 것이다. 김정은이 방명록에 '새로운 력사는 이제부터, 평화의 시대, 력사의 출발점에서'라고 썼듯이 새 역사의 출발이 될지, 아니면 한바탕의 쇼에 그칠지는 전적으로 북한의 진정성, 특히 완전한 비핵화에 대한 김정은의 신속한 실천 의지에 달려있다. 그리고 그 성패는 앞으로 전개될 한 달여간의 국제 외교전에서 드러날 것으로 전망된다.

5) 우리의 기도

2018년 4월 27일 남·북정상회담이 판문점 남측에서 성사되어 합의문이 발표된 이후 한반도와 주변이 하루가 다르게 변하고 있는 상황을 하나님께 올려드리며 기도합니다.

첫째, 2018년 4월 27일, 남·북정상이 만날 수 있게 하심을 감사합니다.

예레미야 50장 4~5절에 "여호와의 말씀이니라 그 날 그 때에 이스라엘 자손이 돌아오며 유다 자손도 함께 돌아오되 그들이 울면서 그 길을 가며 그의 하나님 여호와께 구할 것이며 그들이 그 얼굴을 시온으로 향하여 그 길을 물으며 말하기를 너희는 오라 잊을 수 없는 영원한 언약으로 여호와와 연합하라 하리라" 말씀하신 여호와 하나님, 남·북의 정상들이 만나 소통할 수 있는 물꼬를 열어 주시니 감사합니다. 이번의 만남이 하나님 안에서 남·북한이 진실과 성실함으로 마음과 뜻을 모으며 연합해 수많은 장애물들을 하나씩 뛰어 넘게 하시고, 그 일을 통해 하나님께서 행하시는 복음통일을 이루어 남·북한 백성들이 함께 하나님을 예배하고 세계 열방을 향해 복음 전하는 사명을 감당하는 날이 속히 임하게 역사하여 주옵소서. 하나님이 원하시는 화해와 연합의 자리에서 북한 당국이 악한 궤계를 숨긴 채 계속하여 속임과 분리의 역사를 획책할 때에는 "지으신 것이 하나도 그 앞에 나타나지 않음이 없고 우리의 결산을 받으실 이의 눈 앞에 만물이 벌거벗은 것 같이 드러나느니라"(히브리서 4:13) 하신 말씀대로 하나님의 공의로우신 능력으로 그 모든 숨은 도모가 드러나게 하시고, 남·북의 당국자들이 만나는 때마다 오직 정의를 물 같이 공의를 마르지 않는 강 같이 흐르게 하시는 하나님의 손길이 섭리하심으로, 그들의 악한 계획이 역전되어 한반도와 국제사회에 오히려 선하고 유익한 결과가 되게 하여 주옵소서.

둘째, 남·북정상회담이 합의해 발표한 문자대로 이루어지게 하옵소서.

예레미야 33장 2절에 "일을 행하시는 여호와, 그것을 만들며 성취하시는 여호와, 그의 이름을 여호와라 하는 이가 이와 같이 이르시도다" 말씀하신 만군의 여호와 하나님께서 회담이 성사되기 전부터, 진행과정, 그리고 이후까지 모든 것을 보셨습니다. 또한 회담에 임한 두 정상의 마음까지 살피시고 아십니다. 그 모든 것을 아시는 하나님께서 합의문에 발표된 "남·북관계의 전면적이며 획기적인 개선과 발전을 이룩함으로써 끊어진 민족의 혈맥을 잇고, 공동번영과 자주통일의 미래를 앞당겨 나가고, 한반도에서 첨예한 군사적 긴장상태를 완화하고 전쟁위험을 실질적으로 해소하기 위하여 공동으로 노력해 나가고 한반도의 항구적이며 공고한 평화체제 구축을 위하여 적극 협력해 나갈 것이다."라는 문자 그대로 남과 북에서 이루어지게 행하시어 하나님께서 영광을 받으시옵소서.

셋째, 북한의 완전한 비핵화가 이뤄지게 하옵소서.

역대상 12장 17절에 "다윗이 나가서 맞아 그들에게 말하여 이르되 만일 너희가 평화로이 내게 와서 나를 돕고자 하면 내 마음이 너희 마음과 하나가 되려니와 만일 너희가 나를 속여 내 대적에게 넘기고자 하면 내 손에 불의함이 없으니 우리 조상들의 하나님이 감찰하시고 책망하시기를 원하노라 하매" 말씀하신 여호와 하나님, 북한은 1972년 7.4 공동성명, 1991년 남·북 기본 합의서, 2007년 10.4 선언에서도 무력 불사용과 불가침을 약속했지만 이들 합의를 모두 휴지 조각으로 만들었습니다. 이번 회담에서도 '한반도 비핵화'라는 문구가 선언문에 포함됐지만 김 위원장은 여전히 '조건부 비핵화' 기조에서 벗어나지 못했습니다. 그러할지라도 한반도의 주인 되시고 주관자 되시는 하나님께 회담의 모든 상황을 올려드립니다. 이번 남·북정상회담을 시작으로 북한의 비핵화가 빠른 시일 안에 이뤄지도록 주님의 강한 손으로 행하여 주옵소서. 또한 북한 비핵화에 장애가 되는 모든 요소들을 주님께서 제거하여 주옵소서.

넷째, '판문점 선언'을 현실적으로 이루는데 있어 장애물이 되는 많은 문제들을 하나님의 뜻을 따라 해결할 수 있는 지혜로운 지도자들이 남·북한에 세워지게 하옵소서.

이사야 33장 5~6절에 "여호와께서는 지극히 존귀하시니 그는 높은 곳에 거하심이요 정의와 공의를 시온에 충만하게 하심이라 네 시대에 평안함이 있으며 구원과 지혜와 지식이 풍성할 것이니 여호와를 경외함이 네 보배니라"하신 지혜의 하나님께서 한반도 비핵화와 종전선언, 평화협정, 서해평화 수역문제, 단계적 군비축소 등 산적한 문제들을 올려드리며 간구합니다. 이 모든 상황 가운데 하나님의 뜻을 따라 해결해갈 수 있는 지혜와 지식이 충만한 지도자들을 남·북한에 세워 주시고, 이들을 통해 하나님이 행하실 복음통일의 구체적인 방안들이 마련될 수 있게 하여 주옵소서.

다섯째, 이 나라와 민족의 평화와 안녕이 오직 하나님께만 있음을 선포합니다.

민수기 14장 9절에 "다만 여호와를 거역하지는 말라 또 그 땅 백성을 두려워하지 말라 그들은 우리의 먹이라 그들의 보호자는 그들에게서 떠났고 여호와는 우리와 함께 하시느니라 그들을 두려워하지 말라 하나" 말씀하신 여호와 하나님, 1945년 분단되어 오늘에 이르는 남·북이 복음으로 통일하는데 있어 수많은 어려움이 있지만 그 모든 문제들이 하나님의 손에서 다스려질 수 있기를 간구합니다. 여전히 정치, 군사, 사상, 경제, 문화적으로 넘어야 하는 문제가 산적해 있지만, 그 모든 상황보다 크시고 위에 계시는 하나님께만 이 나라와 민족의 평화와 안정이 있음을 믿음으로 선포합니다. 주님께서 지키시고 보호하여 주옵소서.

예수 그리스도의 이름으로 기도합니다. 아멘

2. 미•북 정상회담 의미와 과제

1) 미·북 정상회담, 무엇을 합의했나?

도널드 트럼프 미 대통령과 김정은 북한 국무위원장은 6월 12일 싱가포르 센토사섬 카펠라 호텔에서 70년 만에 사상 첫 미·북 정상회담을 가졌다. 양 정상은 한반도의 완전한 비핵화와 미·북 관계 정상화 등 4개항을 담은 '싱가포르 공동성명'을 채택했다.

김정은은 공동성명 서명식에서 "세상은 아마 중대한 변화를 보게 될 것"이라고 강조했다. 다만 공동성명에는 미국이 마지노선으로 제시한 '완전하고 검증가능하며 불가역적인 비핵화(CVID)'는 구체적으로 담기지 않았다. 트럼프 대통령은 북한이 비핵화의 조건으로 요구해온 군사적 위협 종식과 관련해 공동성명에 포함되지 않은 한·미연합 군사훈련 중단 방침을 밝히는 대신 북한으로부터 미국 전쟁 포로와 실종자 유해 송환 약속을 받아냈다.

공동성명은 서문을 통해 "김 위원장은 한반도의 완전한 비핵화를 위한 '굳건하고 흔들리지 않는(firm and unwavering) 노력을 기울일 것을 재확인했다"고 명시했다. 비핵화를 위한 '흔들림 없고 굳건한' 조치를 이행할 책임이 김 위원장에게 있다는 점을 못박은 것, 이와 함께 공동성명 마지막 부분에는 "트럼프 대통령과 김 위원장은 합의문을 완전하고 신속하게 이행한다"는 문구를 포함했다. 미국이 요구해온 신속한 비핵화에 대한 원칙적인 합의를 담았다. 트럼프 대통령은 비핵화 합의에 대해 "더 이상 명확하게 할 수 없다"며 "한반도의 완전한 비핵화가 문안에 포함됐다"고 자평했다.

트럼프 대통령과 김정은 위원장은 공동성명에서 새로운 '미·북 관계 수립', '한반도 평화체제 구축노력', '북한의 완전한 한반도 비핵화', '미군 전쟁포로, 실종군인 유해발굴 및 송환' 등 4항에 합의했다. 두 정상은 "수십 년의 양국 간 긴장과 적대를 극복하고 새로운 미래를 여는 세기적 사건이라는 점을 인정하며 공동합의문의 항목들을 완전하고 신속하게 이행하기로 약속한다"고 밝혔다. 이를 위해 미·북은 이르면 다음주 중 마이크 폼페이오 미 국무장관과 북 고위급 인사간 후속 협상을 진행하기로 했다.

김정은은 공동성명 서명식에서 "지난 과거를 거두고 새로운 출발을 알리는 역사적 서명을 하게 됐다"며 "세상은 아마 중대한 변화를 보게 될 것"이라고 말했다. 하지만 김정은은 '판문점 선언' 때와 마찬가지로 비핵화에 대해서는 공개적으로 한마디도 하지 않았다.[76)]

한편 트럼프 대통령은 이날 김정은과 합의문에 담기지 않은 비핵화 조치와 검증절차에 대한 의견이 오갔다는 점을 밝혔다. 트럼프 대통령은 이날 합의가 3개의 '포괄적인 문건'으로 구성됐다고 밝혀 성명 외에 부속 합의서가 있을 수 있음을 내비쳤다.[77)]

또 트럼프 대통령은 한미연합 훈련 중단 방침을 밝히면서 "6시간씩 괌에서 비행기가 한국까지 날아오는데 비용이 정말 많이 든다. 한국도 협력하고 있으나 100% (비용을 부담)하는 것은 아니다"라고 했다. 그는 "협상을 하는 상황에서 군사훈련을 하는 것은 부적절하고 도발적(provocative)"이라고도 했다. 주한미군 문제와 관련해서도 트럼프 대통령은 "언젠가 그들이 (미국으로) 돌아오길 원하지만, 지금은 논의 대상이 아니다"면서 "미래 협상을 봐야 한다"고 했다. 미·북 협상 결과에 따라 추후 주한미군 철수 문제가 검토될 수 있음을 시사했다.[78)]

---

76) 장기적 관점에서 비핵화 논의를 끌고 가겠다는 뜻으로 풀이된다.
77) 「동아일보」 2018. 6. 13
78) "미 북 70년만의 정상회담" 「조선일보」 2018. 6. 13

2) 미·북 정상회담에 대한 엇갈리는 평가

도널드 트럼프 미국 대통령과 김정은 북한 국무위원장의 역사적 대화 결과 나온 공동성명에는 북한의 비핵화 로드맵도, 대략의 이행 시간표도 없었다. 양 정상은 미·북 관계의 새로운 목표를 확인했지만, 트럼프 대통령의 말대로 "포괄적 합의"였다. 곳곳에 '항구적이고 굳건한' '확고하고 흔들림 없는' 같은 수식어들을 덧붙였지만 그 목표에 이르기 위한 절차나 시한, 보장 방식 같은 구체적인 합의는 없었다. 까다롭고 복잡한 세부 합의는 뒤로 넘긴 것이다. 후속 협상자도 미국에서는 마이크 폼페이오 국무장관이 나서기로 했지만, 북한에서는 '적절한 고위급 관료'라고만 제시했다.

무엇보다 김정은은 남·북정상의 4. 27 판문점 선언에 이어 '완전한 비핵화'를 재확인했지만 미국이 집요하게 요구한 '완전하고 검증가능하며 불가역적인 비핵화(CVID)' 원칙은 명시되지 않았다. 김정은은 이번에도 끝내 공개적으로 자신의 입으로는 '완전한 비핵화'조차 말하지 않은 채 회담장을 떠났다.

트럼프 대통령이 지칭한 '재능 있고 영리한 협상가' 김정은은 앞으로 이어질 고위급 회담과 정상회담으로 단계적 비핵화의 길을 텄다. 나아가 트럼프 대통령이"비핵화는 상당히 오래 걸릴 것"이라고 인정하게 만들었다.

이와 같이 미·북 정상회담 결과물은 구체성이 없는 큰 틀의 합의에 그쳤지만, 과거 실패로 끝난 합의들과는 기본적 접근 방식이 다르다는 점에서 그 성과를 성급히 평가하기는 이르다. 무엇보다 미·북 관계에서 '톱다운(Top down) 방식의 접근은 처음 있는 일이다.[79] 지난번 합의는 양

79) 실무회담 후에 정상회담을 하는 방식이 아니라 정상회담을 먼저 하는 것이다.

국 최고 지도자가 직접 만나 의지를 담은 것인 만큼 무게감이 다르다.

뿐만 아니라 북한 비핵화와 안전 보장 미·북 수교, 평화체제 구축 같은 최종 목표를 설정한 포괄적 합의라는 점에서 과거 비핵화와 보상 제공이라는 현안 합의와는 다르다.

미·북 정상간의 만남이 가진 상징적 중요성도 적지 않다. 한반도가 분단된 이래 70년간 이어진 두 적성국가(敵性國家) 최고 지도자의 만남은 역사의 중요한 한 페이지를 장식할 것이다.

새로운 관계의 수립을 위한 양 적대국 간의 신뢰구축의 첫걸음을 뗐다는 점에서이다. 단독 정상회담에 앞서 트럼프 대통령은 "우리는 멋진 관계를 맺을 것을 의심치 않는다"고 했고, 김정은은 "우리 발목을 잡는 과거, 눈과 귀를 가리는 그릇된 편견과 관행을 이겨내고 이 자리까지 왔다"고 했다. 그리고 4시간 뒤 미·북 두 정상은 나란히 앉아 역사적인 공동성명에 서명했다.[80)]

미·북 두 정상은 비공개 대화를 통해서 앞으로 펼쳐질 미·북 관계의 개선과 한반도 안보 환경의 변화를 두고 여러 가지 논의가 이뤄진 것으로 보인다. 트럼프 대통령은 회담 후 기자회견을 통해 조만간 6·25 종전(終戰) 선언과 두 정상의 워싱턴, 평양 교차 방문 같은 정상급 외교가 계속될 것이라고 밝혔다. 나아가 김정은의 귀국과 함께 북한이 미사일 엔진 시험장을 폐쇄할 것이라고 전했다. 트럼프 대통령은 비핵화 이행까지 대북제재는 계속 될 것이라고 했지만 단계적인 제재 완화 조치를 취할 가능성이 높아졌다.

분명한 것은 지난 미·북 정상회담을 계기로 한반도 비핵화와 평화체제 구축을 위한 프로세스가 시작된 것이다. 앞으로의 갈 길은 이제까지 걸

80) "北美정상 공동성명채택" 「동아일보」 2018. 6. 13

어보지 못한 새롭고 낯선 미지의 길이 될 것이다.

그 동안 한반도의 평화를 위한 많은 노력이 있었지만 그때마다 불신만 증폭시켜 왔을 뿐이다. 협상 과정에서 튀어나온 '디테일의 악마'는 물론이고 남·북·미와 중국 일본 등 주변국이 참여하는 다자간 외교 분쟁이 될 가능성도 있는 만큼 동북아 정세는 급격하게 변할 가능성도 있다.

이 모든 것의 전제는 북한의 완전한 비핵화 달성이다. 미·북 정상의 합의에는 CVID 없이 평화 프로세스는 지속 될 수 없다. 또 다시 과거와 같은 속고 속이기, 숨바꼭질 게임이 된다면 지난 몇 개월의 외교적 격동은 한낮의 꿈같은 쇼로 끝날 수 있다.

한편 역사적인 미·북 정상회담을 지켜 본 한반도 전문가들의 반응은 엇갈렸다. '미·북 정상의 사상 첫 만남' 자체에 초점을 맞춘 경우에는 "성공적이었다"는 평가가 나왔지만, 공동성명에 대해선 "기대에 못 미친 빈약한 내용"이란 비평이 적지 않았다. 특히 과거 북한과의 비핵화 협상에 직접 관여했던 전문가들은 '알맹이 없는 합의'라고 꼬집었다.

과거 북한과의 비핵화 협상에 직접 관여했던 크리스토퍼 힐 전 6자회담 미국측 수석대표나 조셉윤 전 미국 국무부 대북정책 특별대표 등은 공동성명에 대해서 "기대에 못 미친 빈약한 내용"이라고 비판했다. 워싱턴 조야의 다른 한반도 전문가들도 비슷한 목소리를 냈다. 애덤 마운트 미국과학자연맹(FSA) 선임 연구원은 "과거에 북한이 했던 약속에 비해 매우 빈약하다. 솔직히 이것보다 더 강한 내용을 기대했다"고 말했다.

특히 전문가들은 공동성명에 '완전하고 검증 가능해서 불가역적인 비핵화(CVID)가 명시되지 않았다는 점을 공통으로 지적했다. 제프리 루이스 미들버리대 국제학 연구소 동아시아 비확산 국장은 이날 트위터에 "비핵화를 북한의 손에 모두 맡기겠다는 트럼프 대통령의 반복적인 주장에 문제가 있다. 만약 김정은 위원장이 비핵화를 하지 않으면 어떻게 할 것인가"라고 의문을 표했다. 오코노기 마사오 게이오대 명예교수는 "북한은 체제 보장을 말했고 '완전한 비핵화'도 말했지만 CVID까지는 넣지 않았다"며 "(미국이) 구체적인 데까지 가지 않은 채 먼저 체제 보장을 제공해 버린 듯한 모양새"라고 지적했다. 래리 나이아몬드 스탠퍼드 대 교수는 "북한 독재자를 인정하는 대가로 우리가 얻은 것은 아무것도 없다는 걸 우리는 깨닫기 시작했다"며 "만약 오바마 전 대통령이 이런 합의를 내놨다면 트럼프 대통령과 공화당이 가만히 있지 않았을 것"이라고 트위터에 썼다.[81]

3) 미·북 정상회담 이후

6. 12 미·북 정상회담 결과를 설명하기 위해 방한한 폼페이오 미 국무장관은 트럼프 대통령의 임기 내, 즉 앞으로 2년 반 안에 중대한 군비 축소를 이루길 바란다고 밝혔다. '중대한 군비 축소'가 구체적으로 어떤 조치를 의미하는지는 명확하지 않고 핵탄두와 대륙간 탄도미사일(ICBM)의 핵무기와 핵 물질, 시설, 능력 등 모든 핵의 '완전한 비핵화'에는 못 미치는 것이다.

트럼프 행정부는 그 동안 신속한 일괄 이행을 강조해왔다. 그래서 미국의 비핵화 시간표는 '6개월 내 핵 반출, 이어 2년 내 핵 폐기 완료'가 될 것이라는 관측이 일반적이었다. 하지만 미·북 정상회담을 계기로 '상당 시간이 걸리는 비핵화'로 나아가 북한이 주장하는 '단계적 동시 행동' 원칙에 가까워졌다. 결과적으로 완전한 비핵화의 시한은 크게 늦춰졌다.

---

81) 美 전문가 "알맹이 빠진 합의... 북 과거 약속에도 못 미쳐" 「동아일보」 2018. 6. 13

이렇게 되면 미국이 자신들의 당면한 위협인 ICBM 폐기에 집중하다 비핵화 완료는 뒷전으로 밀어 놓을 수 있다는 의심이 커질 수 밖에 없다. 우리는 완전한 비핵화 없이는 마냥 북핵을 머리에 이고 살 수는 없다.

문재인 대통령은 6월 14일 청와대에서 국가안전보장회의(NSC) 전체회의를 개최하고 한·미 연합 훈련 중단 여부를 신중히 검토하겠다고 밝혔다. 트럼프 미 대통령이 지난 12일 한·미 연합 훈련을 중단하겠다고 한지 이틀만이다. 트럼프 대통령이 훈련 중단을 선언하고 청와대는 이날 '중단 검토' 입장을 내놓으며 발 빠르게 움직였다. 외교소식통은 "훈련 중단 입장은 이미 한. 미간 공감대가 선 상황"이라며 "(중단) 발표 시점을 조율하고 있는 단계"임을 말했다.

북한이 싱가포르 미·북 정상회담 하루 만에 CVID와 '조선반도 비핵화'는 별개라는 입장을 내놓았다. 이는 미·북 간 합의문 발표 이후 처음 나온 북한의 입장이어서 비핵화 문제에 대한 북한의 속내를 드러낸 것으로 풀이된다.

문재인 대통령은 6월 14일 트럼프 대통령이 언급한 한·미 연합 훈련 중단과 관련, "대북 군사적 압박의 유연한 변화가 필요하다"며 "한·미 연합 훈련(중단)도 신중히 검토하겠다"고 했다. '북한이 진정성 있게 비핵화 조치를 실천하고 남·북, 미·북 간 성실한 대화가 지속될 경우'라는 단서를 달았지만, 사실상 한·미 연합 훈련을 중단하겠다는 뜻으로 해석됐다. AFP 통신도 이달 미 정부 관료를 인용해 "미국이 한반도에서 주요 군사 훈련을 무기 연기하기로 했다"고 전했다.[82] 이런 상황에서 트럼프 대통령은 6월 13일 주한미군 문제와 관련해 "지금은 논의되고 있지 않다"고 전제한 뒤 "나는 가능한 한 빨리 병력을 빼내고 싶다"고 말했다.

---

82) 한미 주요 군사 훈련 무기 연기" (UFG, 키리졸브, 독수리 훈련) 「조선일보」 2018. 6. 15

김정은 북한 국무위원장이 6월 19일 오전 전용기를 타고 베이징에 도착, 시진핑 국가주석과 회담을 했다. 김정은의 방중은 6. 12 미·북 정상회담 이후 1주일만이고, 올해 들어서만 세 번째다. 김정은은 시주석과 미·북 정상회담 결과를 공유하고 대북제재 해제 방안 등을 논의한 것으로 알려졌다.[83] 이번 회담에서는 북한이 미국에 한·미 연합 훈련 중단을 요구해 관철시키는 등 중국의 대리인 역할을 충실히 수행한 만큼 대북제재 해제 방안이 집중 논의 됐을 가능성이 크다. 7월달 중국 산시성의 수도 시안(市安)에 북한 고려항공 평양 직항편이 생긴다고 밝혔다. 이로써 고려 항공의 중국 직항편은 평양과 베이징, 선양, 상하이를 잇는 기존 3개 노선과 6월 28일 개통하는 평양~청두 직항을 합쳐 모두 5개로 늘어났다. 이와 관련 미국은 "중국이 북한을 일대일로(一帶一路·신실크로드) 프로젝트에 포함시키려는 것"이라고 분석했다.[84]

북한이 미·북 싱가포르 공동 성명의 첫 후속조치로 6·25 전쟁 당시 실종된 미군 전사자들의 유해를 조만간 송환할 계획이다. 이르면 며칠 내 미군 유해 200구 내외가 약 70년 만에 고국으로 송환 될 것이라고 한다. 미군 전사자 유해 송환은 2007년 4월 판문점을 통해 유해 6구가 전달된 지 11년 2개월만이다. 정부 소식통은 "전사자 유해를 넘겨 받으면서 미·북간 고위급 후속 협의도 이뤄질 가능성도 있다."고 밝혔다.

월스트리트저널(WSJ)에 따르면 미국은 북한이 판문점을 통해 넘겨준 유해를 경기 평택시 오산 미 공군기지로 보내 관련 의식을 거친 뒤 하와이 진주만의 히컴 공군기지로 옮긴다는 것이다.

83) 두 차례 남북정상회담을 포함하면 김정은은 석 달 사이 여섯 번째 정상외교다.
84) 「뉴욕타임스」 2018. 6. 20

4) 특히 경계해야 할 안보 사항

첫째는 한·미 연합 군사 훈련을 중단하는 문제이다. 청와대는 6월 15일 "북한에 대한 군사적 압력 조치로 조금 신중하게 검토할 필요가 있다"며 한·미 연합 군사 훈련 중단을 사실상 기정 사실화했다. 트럼프 미 대통령이 한미 훈련 중단을 이미 발표했기 때문에 중단이 기정 사실이나 마찬가지다. 또 한·미는 앞으로 3개월 이내 두 차례 실시하려던 해병대 연합훈련(KMEP)도 무기한 중단했다. 8월로 예정된 을지프리덤가디언(UFG) 연습에 이은 두 번째 중단조치다. 한·미 훈련은 북이 핵을 버리게 할 가장 큰 카드 가운데 하나였다. 협상의 최종 단계이며 북을 핵 포기의 길로 밀어 넣을 최후 카드였다. 그런 중요한 자산을 협상을 시작하기도 전에 포기해 버린 것이다.

폼페이오 미 국무장관이 밝힌 북한 비핵화 기간은 트럼프 임기가 끝나기 전까지로 약 2년 6개월이다. 그러나 '2년 6개월'은 단지 희망사항이다. 한·미는 북한과 비핵화 시간표를 가지고 구체적으로 합의한 적이 없다는 것이다.[85] 얼마나 시간이 걸릴지 아무도 모른다. 북한이 시간표를 내놓지 않고 있는 상황에서 한·미 연합 훈련을 중단하는 것은 사실상 무기한 중단이 될 수도 있다는 것이다. 한번 중단된 훈련을 재개하는 것은 북한의 거센 반발과 도발을 초래할 가능성 때문에 불가능 할지도 모른다.

한·미 연합 훈련을 하지 않으면 한·미군 간의 유대와 연대는 빠른 속도로 이완될 수 있다. 역할이 크게 줄어든 한·미 연합사는 허약해지고 대비태세의 수준도 크게 떨어질 것은 분명한 일이다. 지난 65년간 힘들게 쌓아놓은 연합 방위 능력 태세가 외부의 다른 압력도 아닌 한·미 정상에 의해 허물어질 가능성이 커진 것이다.

---

85) 청와대에 따르면 비핵화 시간표를 북한과 구체적으로 합의한 바 없다는 것이다. 「조선일보」 2018.6.15

미 상원 군사위원장인 존 매케인 상원의원은 6월 15일 한·미 훈련 중단 결정에 대해 성명을 내고 한·미 연합 훈련을 중단하는 것은 실수이며 나쁜 협상 전략이라고 했다.[86] 더욱 걱정스러운 것은 연합 훈련 중단이 한·미 동맹에 기반을 둔 대북 안보 태세의 실질적 약화로 이어질 수 있다는 점이다. 연합 훈련은 유사시 미군 증원 전력 전개가 핵심인데 그 훈련이 중단되면 대응력의 현저한 약화로 나타날 수 밖에 없고, 주한미군 철수론으로 이어질 수도 있다. 이런 맥락에서 청와대 고위관계자는 6월 15일 "주한 미군은 한·미동맹 차원의 이슈이기 때문에 어떠한 형태로든 미·북 협상의 대상이 되지 않는다"고 강조했다. 그러나 동맹도 거래로 보는 트럼프 대통령이 연합 훈련 중단이나 주한미군 철수와 같은 일방적 결정을 또다시 하지 않으라는 보장이 없다.

둘째는 북한의 장사정포를 후방으로 철수시키는 문제이다. 북한은 휴전선 인근에 약 1000문의 각종 포를 배치해 놓고 있는데 이중 사거리 54km인 170mm 자주포와 사거리 60km인 240mm 방사포 330여문이 우리 수도권을 겨냥하고 있다. 낡은 무기들이긴 하지만 산술적으로 시간당 1만발을 쏠 수 있다고 해서 핵·생화학 무기와 함께 우리에 대한 최대 위협 중의 하나이다. 이는 지난 6월 14일 남·북 장성급 군사회담에서 북측이 먼저 언급했다. 한·미 연합 훈련은 그 동안 북한이 체제 위협으로 간주해 온 만큼 그 중단 조치는 장사정포 후방 철수 정도와 맞교환 하는 것이 자연스러운 신뢰 구축 정차일 수 있다. 그러나 아직은 불확실하다. 정부가 확인을 해 주지 않는 것도 북측의 숨은 의도를 의심하고 있기 때문이다. 만약 북한이 우리 포병 전력의 후방 배치 등 다른 요구를 함께해 오면 북한을 의심할 수 밖에 없다. 휴전선에서 60km 정도 밖에 떨어지지 않은 수도권의 특수성 때문에 남·북이 같이 포병 전력을 철수하면 우리 수도권 방어에 큰 공백이 발생할 것은 분명하다.

---

86) "한미 훈련 중단, 북 비핵화 진전 없이 '선물'준 나쁜 선례 될 것" 「동아일보」 2018. 6.16

북한은 별다른 노력 없이 한·미 연합 훈련 중단이라는 엄청난 이득을 챙겼다. 그렇다면 우리는 그에 대한 대가로 북의 장사정포 후방 철수를 적극적으로 요구해서 관철시키는 것은 당연하다. 그 과정을 통해 김정은이 정말 대남 도발 의사를 버리고 평화 공존 노선을 택한 것이지도 확인할 수 있다.

셋째는 북한이 6월 14일 판문점 통일각에서 열린 장성급 군사회담에서 거론한 군사분계선(MDL) 일대의 '비행과 정찰활동의 제한. 금지 구역' 설정이 문제다. "군사분계선 양측 40m 내에선 군용기를 비행시키지 말자"는 의미다.[87] 얼핏 보면 남·북 및 미·북 정상회담을 조성된 대화 기류에 따라 '비무장지대(DMZ)의 평화지대화'를 추구하려는 것처럼 보인다. 그러나 자세히 살펴보면 한·미 양 국군의 대북 감시망을 견제하려는 속내가 드러난다. MDL인근과 이북 지역의 북한군 동향을 밀착 감시하는 한·미군의 정찰전력을 걷어내려는 계산이 깔려 있는 것으로 분석된다.

미·북 간 북한 비핵화 협상 국면에선 한·미 연합 훈련이 규모나 성격에 상관없이 모두 중단 또는 축소되는 것이 아니냐는 우려가 된다. 신원식 전 합참 작전본부장은 "연합 훈련은 군사동맹의 근간"이라며 "이번 조치로 한·미 군사동맹이 사실상 해체 수순에 들어갔다는 우려가 크다"고 했다. 6월 25~27일 한국군 단독으로 실시될 예정이었던 지휘소 훈련인 '태극연습' 마저 연기됐다. 전면전에 대비한 한국군 단독 기동 훈련인 '호국훈련' 도 축소되는 것이 아니냐는 관측도 나오고 있어 우려된다. 국가안보에는 1%도 소홀함이 없이 신중히 대처해야 할 사안이기 때문이다.

87) 북의 최전방 평화 문제... 한미 정찰전력 무력화 경계해야" 「동아일보」 2018.6.23

5) 우리의 기도

4.27 남·북정상회담에 이어 6.12 미·북 정상회담 이후 급변하는 한반도의 상황을 "아침에 하늘이 붉고 흐리면 오늘은 날이 궂겠다 하나니 너희가 날씨는 분별할 줄 알면서 시대의 표적은 분별할 수 없느냐(마16:3)"고 말씀하신 하나님께 올려드리며 기도합니다.

첫째, 미·북 정상회담 후 발표한 공동성명이 한반도에서 하나님의 선하신 뜻 만을 이루는 방향으로 사용되게 하옵소서.

열왕기상 1장 30절에 "내가 이전에 이스라엘의 하나님 여호와를 가리켜 네게 맹세하여 이르기를 네 아들 솔로몬이 반드시 나를 이어 왕이 되고 나를 대신하여 내 왕위에 앉으리라 하였으니 내가 오늘 그대로 행하리라" 말씀하신 여호와 하나님, 미·북 정상회담에서 합의된 '새로운 미·북 관계 수립', '한반도 평화체제 구축 노력', '북한의 완전한 한반도 비핵화 노력' '미군 전쟁포로, 실종 군인 유해 발굴 및 송환' 이 네 조항을 이뤄가는 모든 과정이 북한과 미국이 원하는 의도가 아닌 오직 하나님의 선하신 뜻을 이루는 도구로 사용되게 하여 주옵소서.

둘째, 북한의 완전한 비핵화와 한반도 평화체제구축이 속히 이뤄지게 하옵소서.

미·북 정상회담에서 '검증가능하고 불가역적인 완전한 북한의 비핵화(CVID)' 라는 문구와 북한의 비핵화 로드맵과 이행시간표 등이 명시되지 않아 실망스럽습니다. 그러나 예레미야 33장 2~3절에 "일을 행하시는 여호와, 그것을 만들며 성취하시는 여호와, 그의 이름을 여호와라 하는 이가 이와 같이 이르시도다 너는 내게 부르짖으라 내가 네게 응답하겠고 네가 알지 못하는 크고 은밀한 일을 네게 보이리라" 말씀하신 여호와 하나님의 손에 모든 상황을 올려드리며 간구하오니, 하나님께서 북한의 완전한 비핵화가 속히 이뤄짐으로 한반도에 평화체제가 현실적으로 구축될 수 있도록 역사하여 주옵소서.

셋째, 미국이 자신들의 위협이 되는 ICBM 폐기에 집중하면서 북한 비핵화 완료를 간과하지 않게 하옵소서.

미·북 정상회담 이후 북한 비핵화에 대해서는 어떠한 논의도 진행되지 않는 상황에서 북한이 요구한 한·미 연합 훈련이 중단되었습니다. 이사야 33장 7~9절에 "보라 그들의 용사가 밖에서 부르짖으며 평화의 사신들이 슬피 곡하며 대로가 황폐하여 행인이 끊어지며 대적이 조약을 파하고 성읍들을 멸시하며 사람을 생각하지 아니하며 땅이 슬퍼하고 쇠잔하며 레바논은 부끄러워하고 마르며 사론은 사막과 같고 바산과 갈멜은 나뭇잎을 떨어뜨리는도다" 말씀하신 만군의 여호와 하나님께서 미국이 자국의 위협요소만을 해결하고 북한의 완전한 비핵화를 간과하지 않도록 친히 이후 상황을 주관하시고 이끌어 주옵소서. 하나님만이 우리의 힘이 되십니다.

넷째, 하나님께서 우리가 원하는 북한의 완전한 비핵화가 실현되는 것 보다 더 완전하고 놀라운 방법으로 복음통일을 급속히 이루어 주옵소서.

전도서 3장 14절에 "하나님께서 행하시는 모든 것은 영원히 있을 것이라 그 위에 더 할 수도 없고 그것에서 덜 할 수도 없나니 하나님이 이같이 행하심은 사람들이 그의 앞에서 경외하게 하려 하심인 줄을 내가 알았도다" 말씀하신 능력의 하나님을 찬양합니다. 그 하나님께서 북한의 완전한 비핵화를 통해 평화가 구축되는 것보다 더욱 놀랍고 완전한 방법으로 이 나라와 민족의 복음통일을 이루어 주실 분임을 믿습니다. 우리가 생각하는 것보다 더욱 이루시고, 우리가 기도하는 것보다 넘치게 응답하시는 하나님께서 완전한 방법으로 이 민족의 복음통일을 이루셔서 북한의 모든 영혼들이 하나님을 자유로이 예배할 수 있는 복을 허락해 주옵소서.

다섯째, 이 나라와 민족의 주인이 하나님 되심을 인정하고 선포합니다.

그 하나님의 손에 이 나라와 민족의 안정과 평화가 있음을 선포합니다.

이사야 37장 20절에 "우리 하나님 여호와여 이제 우리를 그의 손에서 구원하사 천하 만국이 주만이 여호와이신 줄을 알게 하옵소서 하니라" 하신 말씀과 같이, 미국도 중국도 일본도 러시아도 북한도 남한도 아닌 모든 것 위에 뛰어나신 하나님께만 우리의 안보와 안녕과 안전이 보장받을 수 있음을 선포합니다. 우리의 힘과 산성이 되시는 하나님을 높여 찬양합니다.

예수 그리스도의 이름으로 기도합니다. 아멘

3. 북•중 정상회담, 관계 밀착 단초되나?

1) 북·중 정상회담 전격 개최

(1) 김정은 첫 방중

북한 김정은 노동당 위원장이 지난 3월 26일 중국 베이징을 전격 방문해 시진핑 국가 주석과 첫 북·중 정상회담을 가졌다. 김정은은 27일에도 중국 지도부와 연쇄 회담을 한 뒤 오후에 베이징을 떠났다. 김정일이 2011년 중국을 방문했을 때 타고 갔던 열차가 삼엄한 경비 속에 베이징역에 도착했으며, 이어 중국 공안의 호위를 받는 고급차 20여 대가 인민대회당을 향했다. 김정은의 방중은 집권 후 첫 해외 나들이다.

김정은 위원장은 4월 27일 남·북 정상회담과 5월 말경 미·북 정상회담을 앞두고 먼저 전통적 우방인 중국을 해외 외교 무대 데뷔지로 선택한 것이다. 한달 앞으로 다가온 대형 외교 이벤트를 앞두고 북·중 관계의 복원 움직임은 한편 예상된 일이었다. 그러나 김정은이 직접 중국을 깜짝 방문함으로써 또다시 세계의 이목을 집중 시킬 줄은 쉽게 생각하지 못했다.

사실 김정은은 평창올림픽을 계기로 한 대남 유화공세와 대미 대화 공세에 이은 대외 행보의 연속이었다. 어떻게든 변화의 주도권을 쥐겠다는 의도도 있지만 지금 북한이 처한 난국에서 벗어나겠다는 다급함도 있는 것으로 보인다.

(2) 북·중 관계 복원

김정은 위원장의 전격 방중 정상회담을 갖게 된 것은 대남, 대미 관계 개선에 앞서 집권 이후 악화 일로를 걸어온 북·중 관계를 먼저 복원시킴으로써 좀 더 유리한 협상에 나설 수 있다는 판단에 따른 결정인 것으로 분석된다.[88] 김정은은 시주석에게 한반도 정세 변화의 배경을 직접 설명하고 앞으로 중국의 자원을 요청했던 것으로 보인다.

3월 28일 중국 관영 신화 통신에 따르면 시주석은 김정은에게 우선 고위급 교류 활성화를 위해 지도적 역할을 강화하자고 제안했다. 이를 위해 두 정상이 상호 방문, 특사 교환, 서신 등 방식으로 보다 긴밀한 관계를 유지하자고 했다. 2011년 12월 김정은 집권 후 양국간 고위급 교류는 10여차례 있었지만 김정은과 시주석이 직접 만나 것은 처음이었다.

(3) 시 주석 "혈맹" 강조

시 주석은 3월 26일 베이징 인민대회당에서 진행된 연설에서 "전통적인 중·조 친선은 피로써 맺어진 친선으로서 세상에 유일무이한 것" 이라고 강조했다. 이어 "뿌리 깊고 잎이 우거진 나무와 영원히 마르지 않는 샘줄기처럼 우리 두 당과 두 나라 인민에게 행복을 마련해 주고 있다"[89]고 의미를 부여했다. 시진핑 중국 국가 주석은 김정은 위원장을 파격적으로 환대하면서도 '우리가 형님, 너희가 동생' 이라는 메시지를 분명히 전했다. 중국 당국은 '시 주석의 훈계를 듣는 김 위원장' 이라는 이미지를 선전함으로써 북한에 대한 중국의 영향력을 과시하려는 의도를 드러냈다.

시 주석으로서는 남·북, 미·북 정상회담 날짜가 잡혀있는 상황에서 북한과 결속을 강화 시킴으로써 핵문제 해결을 위한 6자회담에서 주도적인 역할을 했던 것처럼 북핵 문제에서 또 다시 큰 역할을 하겠다는 것이다. 중국으로서는 북한 역할에 힘을 실어 주고 북핵 문제의 단계적 해결을 추구하려는 것이다. 이런 맥락에서 북한은 "전통적인 조·중 친선의 역사는 압록강의 흐름처럼 영원할 것"이라고 했다.[90] 노동신문은 3월 30일 "조·중 친

88) 김정일도 2000년 남북 정상회담을 앞두고 중국을 먼저 방문해 장쩌민 주석과 만난 적이 있다.
89) 『북한 조선중앙통신』 2018. 3. 28
90) 『노동신문』 2018. 3. 30

선의 새로운 장을 펼친 역사적인 방문"이라며 조,중 친선은 공동의 위업을 위한 성스러운 투쟁 속에서 피로써 맺어진 관계"라며 "역사의 온갖 돌풍 속에서도 굳건히 이어져 왔고 사선의 언덕을 넘으면서도 그 본태를 잃지 않았다."고 강조했다.

(4) 협상 카드 강화

어쨌든 중국은 김정은 방중을 통해 북한이 한국이든 미국이든 정상회담을 할 때 북·중 정상회담이 '앞에서 갈 것'이라는 점을 세계에 알렸다. 중국은 북핵과 한반도 문제에 관한 역할에서 배제되지 않을 것임을 보여주고,[91] 중국이 여전히 북핵의 외교적 정치적 해결에 중요한 역할을 하고 있다는 점을 알렸다. 김정은이 스스로 베이징에 온 것은 북한이 중국에 대해 어떤 불만이 있든 중국의 이해와 지지, 도움을 잃고 싶지 않음을 뜻한다. 김정은은 남·북 정상회담 전에 베이징을 방문함으로써 중국의 이해를 끌어내고, 미·북 접촉 과정에서 나설 자신의 협상 카드를 강화한 것이다.

김정은 위원장은 북한의 최대 명절인 태양절(김일성 생일)을 하루 앞둔 4월 14일 중국 예술단 단장으로 방북한 쑹타오 중국 공산당 대외 연락 부장을 접견했다. 남·북, 미·북로 이어지는 '릴레이 정상회담'에 앞서 북·중간 혈맹 관계를 재확인 하겠다는 것이다.

4월 15일 북한 조선 중앙 방송은 전날 김정은과 쑹부장의 접견 소식을 전하며 "최고 영도자 동지께선 최근 조·중의 두 당, 두 나라 사이의 고위급 대표단 교류를 비롯해 당적 관계를 더욱 강화하며 여러 분야, 여러 부문들 사이의 협조와 내왕을 활발히 진행해야 한다"며 이로써 전통적인 조·중 친선을 새로운 시대적 요구에 맞게 새로운 발전 단계로 적극 계승 발전시켜

91) 그러나 북중 간에는 정상회담에 대해 판이한 보도 태도를 보인 것은 두 정상간의'비핵화'이견을 보인 것이다.『동아일보』 2018. 4. 6

나갈 것이라는데 대해 지적했다"고 전했다.[92] 그러나 쑹부장은 지난해 11월 시 주석의 특사로 북한을 방문했지만, 북한이 중국의 대북제재 동참과 지위 낮은 특사 파견에 불만으로 김 위원장의 면담이 불발된 바 있다.[93]

2) 북한과 중국, '생존'과 '순망치한' 관계

(1) 북한의 대중국 생존전략

북한의 대중국 관계는 일상적인 대외관계를 뛰어넘은 전통적인 생존전략 문제이다. 중국과 관계는 유지할 수도 있고 단절할 수도 있는 관계가 아니라 북한이 생존하기 위해서는 다른 희생을 치르더라도 반드시 관계를 유지해야 하는 특수관계이다.

북한의 대중국 단·중기 전략은 중국으로부터 보다 많은 군사 및 경제 원조를 얻어 북한의 경제난국을 타개하고 확고한 안보관계를 유지하여 한국을 비롯한 대북한 적대세력들의 방패막이가 되게 하는 것이다. 또 한반도 통일정책을 비롯한 모든 정책 노선에 대하여 중국의 지지를 확보하는 한편 중국의 대한국 접근이나 밀착을 저지시키는 것이다. 이를 위해 북한은 중국식 사회주의 독재 노선과 경제 모델을 선별적으로 따르면서 중국의 도움을 받아 서방의 선진과학 기술을 비롯한 경제 협력을 얻어내는 것을 단·중기 전략 목표로 삼고 있다.

북한은 중·장기적으로 그들의 전략 목표에 따른 남·북한 통일의 기반을 만들기 위하여 중국으로부터 정책적 지원뿐만 아니라 중국을 통한 국제적인 지원 확보를 목표로 하고 있다. 이는 궁극적으로 북한이 유고슬라비의 티토가 했듯이 미·일·중·러 강대국들과 등거리 외교를 하면서 이른바 '블록불가담 운동'을 내세워 북한의 생존을 지켜 나가겠다는 것이다.

---

92) 『조선중앙방송』 2018. 4. 15

93) 『동아일보』 2018. 4. 12

북한은 단·중기적으로 중국의 도움을 받아 미·일 등 강대국들로부터 보다 많은 정치, 경제, 군사적인 도움을 받아 한반도 통일을 성취하려 할 것이다. 또한 장기적으로는 중국을 비롯한 강대국들의 영향을 벗어나 공산화로 통일된 한반도의 독자적인 자활의 여건을 마련하겠다는 것이다.

(2) 중국의 대북한 '순망치한' 전략

① '순망치한' 관계

중국으로서는 변화하는 동북아 정세 속에서 북한을 계속 중국의 세력권 내에 두거나, 북한이 다른 국가의 배타적인 영향권 내에 들어가지 못하도록 한다. 이로써 함으로써 북한이 정치, 경제, 군사적으로 중국에게 의존토록 만드는 것이다. 그리하여 중국만이 북한의 모험주의를 조정할 수 있는 카드를 확보, 국제적 영향력을 확보하려는 것이다.

특히 중국은 북한의 사회주의 체제가 붕괴되면 완충지대를 잃게 되어 중국이 위협을 받을 가능성이 있기 때문에 북한의 사회주의 체제 유지에 일조할 필요가 있다.[94] 중국은 한반도에서 전쟁의 재발을 방지하고 평화적 환경 여건을 조성하려 한다. 중국은 북핵 위협 자체보다 북한의 개혁·개방 대신 핵을 고집하다가 갑자기 붕괴되는 상황을 더 우려하고 있기 때문이다.[95]

중국은 자국의 이익을 위해서 한반도의 분쟁 확대나 현상 변화를 원치 않고 있으며 분단된 한반도의 현상유지에 보다 역점을 두고 있다. 한반도에서 분쟁이 일어날 경우 주변 강대국들의 개입으로 분쟁은 더욱 확대될 가능성이 크고, 특히 일본의 재무장 위협은 결국 중국의 현대화 계획에 심각한 차질을 가져올 수 있다. 중국의 환구시보는 "중·조 우호 관계의 가장 큰 촉진제는 지정학적 요소에 있지 이데올로기가 아니다"고 주장했다. 이 신문은 "조선은 지정학적으로 중국의 중요한 보호막이다. 이는 명나라 때

94) 이것이 바로 '입술이 망하면 이가 시렵다'는 '순망치한'의 관계이다.

95) "한국 '기대'와 중국 '현실'의 거리" 『조선일보』 2013. 10. 14

시작되었으며 앞으로도 변하지 않을 것" 이라고 강조했다.[96)]

중국은 정치·외교·안보적 차원에서는 친북적, 경제적 차원에서는 친한적 태도를 견지함으로써 적어도 전체적으로는 정·경 분리하여 상대적으로 북한의 입장을 보다 중시하는 정책을 써왔다. '입술이 없어지면 이가 시렵' 듯이 북·중은 서로를 필요로 하는 '순망치한'의 관계이다.

② 중·장기, 북한 체제 변화와 사회주의 수호

중·장기적으로 중국은 북한에게 경제 개방 정책을 비롯한 중국식 이념과 체제를 따르도록 하여 북한 자체를 변화시켜 역사적으로 중국의 영향력하에 있었던 것처럼, 북한에 대한 영향력을 확대하고 특히 미·일·러의 대북한 영향력을 약화시키는 것이다.

또한 중국은 북한이 장기적으로 체제를 개방하여 모험주의를 포기하고 한국과 대화를 통해 신뢰를 회복함으로써 평화적으로 공존토록 하고, 결과적으로 남·북한을 다같이 중국의 전략에 따라 활용하려는 계획이 있다. 따라서 중국은 북한 주도나 한국 주도의 한반도 통일을 원치 않을 것이다. 보인다. 한반도의 통일은 동북아의 세력 균형을 위협할 뿐 아니라 통일된 한반도에서는 중국의 세력이 약화될것이기 때문이다.[97)]

북한 사회주의 수호는 중국이 향후로도 상당 기간 포기할 수 없는 국정의 지상 목표일 것이며, 중국으로서는 자국의 통치체제의 정당성을 대내적으로 강화하기 위해 사회주의 체제로서 북한 정권의 존재가 필요하다. 이러한 전략 목적 때문에 중국은 비록 개인숭배에 대해 반대하나 김정일·정은 체제를 승인하고 지원할 수 밖에 없다.

---

96) 『환구시보』 2013. 8. 13

97) 한반도의 통일이 불가피 할 경우, 중국은 통일된 한국이 중국과 유사한 신념 체계에 의해 통일 되기를 원할 것이다. 유석렬, 『북한의 체제 위기와 한반도 통일』 pp 221-223

(3) '혈맹'에서 '정상국가' 관계로

중국에서 북한을 혈맹이 아닌 일반적인 이웃국가로 대우해야 한다는 '정상국가론'이 잇따라 나오고 있다. 6차에 걸친 핵실험으로 대북 피로감이 가중된 데다 북한의 지정학적 입지가 오히려 중국을 불안정하게 할 수 있다는 인식 때문이다.

중국은 북한과 1961년 '중·조 우호 협력 상호 원조 조약'을 체결하고 '한쪽이 침략을 받으면 즉시 군사 원조를 제공해야 한다'는 상호 자동 개입 원칙을 지켜왔다. 그러나 최근에는 이 원칙이 흔들리고 있다. 역사학자 타오원짱은 "북한이 정전 협정을 파기해 전쟁의 원인을 제공하면 중국은 그 전쟁에 개입할 의무가 없다"고 주장했다. 한편 자칭궈 정협위원은 "북한이 핵 문제에 잘 대처하지 못하면 중국은 부득불 제재 등 국제사회의 결정을 따를 수 밖에 없다"고 강조했다.[98] 중국 외교부 화춘잉 대변인은 안보리의 대북제재 결의안 통과 직후 "중국과 북한 관계는 정상국가 관계"라며 중국은 북한의 핵실험에 결연히 반대한다"고 말했다.

북경의 외교소식통은 북한과 중국의 '전략대화'를 언급하면서 2013년 6월 19일 "중국이 북한과 맺은 관계를 비정상적 특수 관계가 아니라 '정상국가 관계'로 만들겠다는 의미"라고 말했다. 화춘잉 중국 외교부 대변인은 2013년 3월 브리핑에서 "중국과 북한은 정상적 국가 관계를 맺고 있다"고 했다.[99] 그럼에도 불구하고 일부 중국 전문가들은 중국의 북한에 대한 태도는 '근본적 변화가 아니다'라는 반론을 제기하고 있다.[100]

98) "중 군부-학계'북 혈맹폐기론'잇달아" 『동아일보』 2013. 3. 11

99) "북핵 협상 총괄하는 김계관 방중,'전략대화'" 『조선일보』 2013. 6. 18

100) "중국 전문가가 본'중국의 북한에 대한 태도'바뀌고 있다? 근본적 변화 아니다" 『조선일보』 2013. 3. 26

3) 국제제재와 북·중 관계

(1) 국제 제재와 북한 반응

북한은 여섯 차례에 걸친 핵실험으로 유엔안보리와 미국과 중국을 비롯한 개별 국가들로 독자적인 대북제재를 받고 있다. 유엔안보리의 대북제재가 가해지기 시작한 것은 1993년 북한이 NPT(핵 확산 금지조약)를 탈퇴하고 본격적인 핵개발을 시작한 때부터였다.

그 후 제1차 핵실험(2006. 10. 9), 2차 핵실험(2009. 5. 25), 3차 핵실험(2013. 2. 12), 4차 핵실험(2016. 1. 6 수소폭탄 핵실험), 5차 핵실험(2016. 9. 9), 6차 핵실험(2017. 9. 3)에 따라 1718호, 1874호, 2094호, 2270호, 2921호, 2375호의 유엔안보리 대북제재가 채택되었다. 2017년 7월에는 2차 (7. 4, 7. 28)에 걸친 대륙간 탄도미사일 발사로 북한의 숨통을 끊을 만한 유엔안보리의 초강력 대북제재 2371호가 8월 5일 만장일치로 채택되었다.

북한에 대한 다방면적인 제재에 대해 북한 사람들은 “우리가 한두 해 당하는 것도 아닌데 뭐, 그 동안 제재 받는다고 여기(신의주와 단동)를 오가는데 무슨 문제가 있나요?” 미국에서 가장 강력한 대북제재 법안이 발효되고 유엔안보리 제재 강도를 높여 갔을 때 북한 내부의 분위기다.

국제제재에 대한 북측의 반응은 우선 미국이 앞장서고 더불어 국제사회가 아무리 요란을 떨어도 중국이 동참하지 않는 한 제재 효과는 과거와 별반 다르지 않을 것이라는 북한 사람들의 자신감이다. 과거에는 국제제재로 단동해관(세관)을 통과할 수 없으면 야간에 압록강을 통해 밀수 방법으로 얼마든지 물품이 들어올 수 있었기 때문이다.

(2) 북·중 관계 악화 시 거래 위축

그러나 북·중 관계가 악화되는 경우 중국 정부의 결단에 따라 북·중 간에 밀거래는 크게 위축 될 수 있고 북한은 크게 고통을 받을 수 밖에 없다. 따라서 북·중 관계가 원만해지는 동안 제재로부터 받는 북한의 고통은 크지 않겠지만 관계가 악화되는 경우 제재로부터 받는 북한의 고통은 커질 것이다.

실제로 북·중 관계는 김정은 집권 이후 악화 일로를 걸어왔다. 시진핑 중국 국가 주석은 지난해 12월 문재인 대통령과 가진 한·중 정상회담에서도 북·중 관계에 대해 부정적인 태도를 보인 것으로 전해졌다. 김정은 역시 2015년 '중국과의 군사 핫라인을 단절하라'는 지시에 반대한 변인선 북한 총참모부 작전국장을 숙청한 것은 물론이고, 지난해 방북한 미국 인사들에게 "중국과 담을 쌓고 있다"고 밝힐 정도로 공공연하게 중국에 적대감을 보였다.[101]

북한 김정은이 남·북, 미·북 정상회담을 앞두고 북·중 정상회담을 통해 중국과의 관계 개선을 시도하면서 양국간의 새로운 밀월 관계로 이어질 가능성이 커지고 있다. 김정은 위원장이 중국을 전격 방문한 것은 중국을 설득해 자신을 옥죄고 있는 국제제재 시스템에 균열을 만들려는 의도로 분석된다.[102] 중국이 당장 대북제재를 전면 해제하기는 어렵지만 북·중 해빙국면이 본격적으로 열리면 중국은 제재를 느슨하게 이행하며 북한의 숨통을 틔워줄 수가 있다. 결국 김정은의 중국 방문은 자신을 대화로 불러낸 국제적 제재, 압박의 취약고리부터 공략하기 위해서인 것으로 볼 수 있다.

(3) 관계 개선 시 제재 약화

시진핑 중국 국가 주석이 김정은 위원장을 만나 북·중 관계 발전을 위한

101) 『동아일보』 2018. 3. 28
102) 『조선일보』 2018. 3. 28

교류확대 방안을 제시하여 국제사회 대북제재의 틈이 벌어지는 우려를 나았다. 교류확대는 인적·물적 자원의 이동을 동반하는 만큼 중국이 제재로 고립된 북한의 숨통을 틔워 줄 수 있기 때문이다.

시 주석은 김정은에게 우선 고위급 교류 활성화를 위해 지도적 역할을 강화하자고 제안했다. 이러한 제안에 대해 김정은은 "내게 매우 큰 영감과 격려가 됐다"며 "선대가 직접 만든 우의는 절대로 흔들려선 안 된다"고 화답했다.[103]

실제로 김정은의 지난번 방중을 통해 북한의 목표가 '국제제재 시스템의 와해'라는 것이 명확해졌다. 이 제재 시스템은 한·미가 수년간 공들여 다져 놓은 것이다. 그러나 북한의 잇단 대화, 공세에 중국은 물론 한국까지 '김정은의 비핵화 발언'을 과대평가 하면서 '단계적 보상을 통한 제재 완화'를 수용하려는 조짐을 보이고 있다. 비핵화를 한다면서 제재를 이완시키고 실제 비핵화 과정에서 수많은 난관을 만들어 앞으로 나아갈 수 없게 하려는 수법이다.

북한에 대한 중국의 제재 완화 움직임은 북·중 정상회담 이후 급격한 흐름을 보였다. 중국은 유엔안보리 대북제재 결의에 따라 지난 1월부터 철강과 금속 수출을 전면 금지한 상태에서 북·중 정상회담 직후 중국 언론은 북한 철강 금속 산업 발전을 격려하는 기사를 이례적으로 실었다.[104] 북·중 관계가 회복되면서 대북제재의 그물망이 느슨해 질 것이라는 우려가 있다. 양국이 공개하지는 않았지만 김정은은 지난번 정상회담에서 대북제재 해제 문제를 거론했을 것으로 추정된다.

실제로 최근 중국 정부의 대북제재가 느슨해지고 있다. 4월 2일 정보 당

103) "'교류확대'제안한 시진핑, 대북제재 생기나" 『동아일보』 2018. 3. 29
104) 중 "북 철강 산업 혁신" 보도 … 제재 완화 포석 『동아일보』 2018. 3. 31

국에 따르면 중국 랴오닝성 단둥시 등 북·중 접경 지역의 일부 중국 기업들이 최근 북한 노동자를 되돌려 보내는 절차를 멈췄다. 정부는 단둥과 북한을 오가는 트럭의 통행량도 올해 초 하루 20~30대 수준에서 지난 3월 달에는 50대 이상으로 증가했다고 지적했다. 이 지역의 트럭의 통행량은 그 동안 북·중 교역 수준을 보여주는 주요 지표 중의 하나였다.[105)]

(4) 북한 노동자 유입과 탈북자 검거

이와 함께 올해 초 유엔대북제재 차원에서 문을 닫았던 중국 내 북한식당 일부가 업주를 중국인으로 바꿔 영업을 재개한 것으로 알려졌다. 김정은 위원장의 방중 이후 북한 노동자의 중국 파견이 재개되고, 중국 내 북한 노동자의 철수 움직임이 멈췄다. 미국 자유 아시아 방송(RFA)이 4월 3일 보도했다. 중국이 유엔 대북제재를 풀어주는 분위기가 뚜렷해졌다.

이런 가운데 북한 전문 뉴스 매체인 데일리 NK는 "김정은이 중국을 다녀간 후 북·중 접경지역에서 북한 여성 노동자들이 대규모로 무리를 지어 이동하는 모습이 포착됐다"며 북한에서 이렇게 많이 오는 건 오랜만"이라며 "김정은이 중국을 방문한 것과 관련이 있는 것으로 보인다"고 말했다. 한편 북·중 정상회담을 계기로 양국관계가 급속 개선되면서 일시적으로 잠잠했던 중국 공안 당국의 탈북자 검거가 본격화하는 조짐을 보이고 있다.

지난 4월 5일 '한반도 인권과 통일을 위한 변호사 모임'에 따르면 "지난주 김정은의 방중 이후에만 30명의 탈북자가 중국에서 체포됐다"며 현재 수십 명의 탈북자들이 강제 북송 되거나 중국 내 구금시설에서 북송을 기다리고 있다"고 한다. 한 소식통에 따르면 "중국 공안이 기차나 버스에서 신분증과 대조하며 무차별적으로 탈북자들을 색출하고 있다"며 "단속이 멈출 때까지 활동을 잠정 중단하기로 했다"고 했다.[106)] 다행히 미국 자유

105) "중 기업들, 북 근로자 송환 중단" 『동아일보』 2018. 4. 3

106) "중, 김정은 다녀간 뒤 탈북자 30명 체포·· 강제 북송위기" 『조선일보』 2018. 4. 6

아시아 방송(RFA)에 따르면 이들은 최근 석방됐다.[107)]

4) 앞으로의 과제와 전망

(1) 제재 균열 억제

김정은 북한 노동당 위원장이 전격 중국을 방문한 것은 중국을 설득해 자신을 옥죄고 있는 국제제재 시스템에 균열을 만들어 내겠다는 의도이다. 이와 함께 4월 27일 남·북 정상회담과 5월말 6월초 미·북 정상회담에서 협상력을 높이면서 미·북 회담 결렬 시 중국의 '보호막' 뒤에 숨기 위한 포석으로 볼 수 있다. 최근의 무역 전쟁 등 미·중 갈등을 이용해서 중국이라는 '보험'을 확실히 들어 놓겠다는 전략이다. 중국이 당장 대북제재를 전면 해제하기는 어렵겠지만 북·중 해빙 국면이 본격적으로 열리면 중국은 제재를 느슨하게 이행하며 북한의 숨통을 틔워 줄 수 있기 때문이다.

미국이 북핵 해결을 위해 주도해 온 유엔대북제재의 실효성은 90% 이상 중국의 참여 여부에 달려 있다. 북한이 제재로 고통을 느끼기 시작한 것이 도발 중단과 대화 제의 계기가 되었다면 중국이 그 과정에서 큰 역할을 했다. 그러나 중국의 입장에서 볼 때 북한 압박에 가담해 북한에서 인심만 잃고 북한을 미국과 한국에 매달리게 할 수 있다. 그런 생각 때문에 김정은이 문재인 대통령과 트럼프 미 대통령을 만나기 전에 베이징에서 북·중 최고위급 접촉이 먼저 이뤄져야 한다는 초조함을 갖게 했을 가능성이 있다.

김정은이 남·북, 미·북 회담 전에 중국을 방문한 것도 북한을 대화로 불러내 국제적 제재 압박의 취약 고리부터 공략하기 위한 것이다. 한편 중국이 김정은을 초청해 환대한 것은 그만큼 중국이 다급하다는 의미이다. 최근

107) "중, 김정은 방중 때 체포한 탈북자 30명 석방" 『조선일보』 2018. 4. 18

남·북, 미·북 대화가 급물살을 타자 중국 내에서는 "한반도에 대한 영향력을 상실할 수 있다"며 이른바 '차이나 패싱'을 우려하는 소리가 나왔다. 또 도널드 트럼프 미국 대통령은 무역, 대만, 티베트, 북한 등 다방면에서 대중 공세를 취하고 있다. 그 중 중국이 미국에 대응할 수 있는 전략은 북한 정도이다.

(2) 북한의 '단계적 조치' 대안

지난 3월 28일 중국 관영 매체 보도에 따르면 베이징을 방문한 김정은은 시진핑 주석과의 회담에서 "한·미가 선의로 답해서 단계적 동시 조치를 위한다면 한반도 비핵화 문제가 해결될 수 있다"고 했다. 요미우리 신문에 따르면 김정은은 "미국이 회담에 성실히 임한다면 제네바 합의 (1994년)와 6자회담(9.19) 공동성명(2005년) 때보다 핵 포기 시찰과 검증에 적극적 개방적 자세로 임할 준비가 돼 있다"며 비핵화까지 걸리는 시간은 미국과의 협의에서 얼마든지 짧게 할 수 있다"고 말했다고 보도했다.[108] 그러나 북한의 단계적 조치는 비핵화와 평화체제 문제를 일괄 타결하겠다는 우리 정부의 해법과 차이가 있다. 또 미국도 단계적 조치 방식은 고려하지 않고 있다고 했다. 김정은의 완벽한 핵 폐기를 회담 시간 내에 한 후에야 보상이 가능하다는 입장이다. 앞으로 이와 같이 첨예하게 대립되는 두 개의 해법이 어떻게 접점을 찾느냐가 문제 해결의 관건이 될 전망이다.

(3) 북·중 관계 밀착 억지

한편 일본 요미우리 신문에 따르면 시진핑 중국 국가 주석이 오는 6월 북한을 방문해 김정은 위원장과 정상회담을 할 전망이라는 것이다. 시 주석의 방북은 5월 말~6월 초로 예정된 미·북 정상회담 이후가 될 것으로 보고 있다. 북·중 두 정상은 남·북, 미·북 정상회담에서 논의된 북한 비핵화 방안 등에 대해 협의를 할 것으로 보고 있다.

---

108) 『요미우리신문』 2018. 4. 8

김정은은 지난 3월 26일 베이징을 방문했을 때 북·중 정상회담 자리에서 시주석의 방북을 요청했고, 시 주석은 가능한 한 빠른 시간에 방북하겠다고 답했었다. 북·중 관계가 빠르게 회복되면서 대북제재가 느슨해질 가능성이 커지고 있다.

5) 우리의 기도

지난 3월 26일 북한의 김정은 위원장이 중국을 전격 방문해 시진핑 국가 주석을 만나 북·중 정상회담을 가졌는데, 그것이 한반도에 미칠 우려되는 상황을 "내가 내 친구 너희에게 말하노니 몸을 죽이고 그 후에는 능히 더 못하는 자들을 두려워하지 말라 마땅히 두려워할 자를 내가 너희에게 보이리니 곧 죽인 후에 또한 지옥에 던져 넣는 권세 있는 그를 두려워하라 내가 참으로 너희에게 이르노니 그를 두려워하라(눅 12:4~5)" 말씀하시는 하나님께 올려드리며 간구합니다.

첫째, 3월에 가진 북·중 정상회담이 하나님을 대적하는 북한정권을 연장하고 강화시키는 요인으로 작용하지 못하게 주의 강한 손으로 막아 주시옵소서.

역대상 12장 17절에 "다윗이 나가서 맞아 그들에게 말하여 이르되 만일 너희가 평화로이 내게 와서 나를 돕고자 하면 내 마음이 너희 마음과 하나가 되려니와 만일 너희가 나를 속여 내 대적에게 넘기고자 하면 내 손에 불의함이 없으니 우리 조상들의 하나님이 감찰하시고 책망하시기를 원하노라 하매" 말씀과 같이 하나님을 대적하고 하나님의 백성들을 핍박하는 북한과 중국의 정상이 만나 협의한 모든 것을 감찰하시는 하나님의 손에 올려드립니다. 선하지 못하고 의롭지 못한 것들을 북·중 정상의 협약과 도모가 남·북한은 물론이고 한반도를 둘러싼 모든 환경에 악한 영향을 미치지 못하도록 주의 강한 손으로 막아 주시옵소서.

둘째, 북한에 막대한 영향력을 행사할 수 있는 중국이 한반도의 복음통일을 방해하는 의도와 목적으로 손에 쥔 카드를 사용하지 못하게 주의 강한 능력으로 다스려 주옵소서.

출애굽기 6장 1절에 "여호와께서 모세에게 이르시되 이제 내가 바로에게 하는 일을 네가 보리라 강한 손으로 말미암아 바로가 그들을 보내리라 강한 손으로 말미암아 바로가 그들을 그의 땅에서 쫓아내리라" 말씀하신 여호와 하나님, 역사적, 지정학적으로 북한에 절대적인 영향력을 행사하고 있는 중국이 이번 북·중 정상회담을 기점으로 한반도통일을 방해하는 영향력을 강화시키지 못하게 막아 주시고, 그 악한 도모를 이행할 때 교만한 저들을 치사 오직 하나님만이 이 땅을 통치하시는 분임을 알게 하시고, 고통 중에 있는 북한주민들과 백성들이 자유를 보장받는 체제로의 변화가 급속히 이뤄지게 하옵소서.

셋째, 국제사회의 대북제재의 틈이 벌어져 고립된 북한정권의 유지를 강화시키지 않도록 역사하여 주옵소서.

역대하 14장 11절에 "아사가 그의 하나님 여호와께 부르짖어 이르되 여호와여 힘이 강한 자와 약한 자 사이에는 주밖에 도와 줄 이가 없사오니 우리 하나님 여호와여 우리를 도우소서 우리가 주를 의지하오며 주의 이름을 의탁하옵고 이 많은 무리를 치러 왔나이다 여호와여 주는 우리 하나님이시오니 원하건대 사람이 주를 이기지 못하게 하옵소서 하였더니" 말씀과 같이 북·중 정상회담 후 북·중 관계에서 이뤄지는 인적, 물적 자원의 교류확대로 인해 북한정권유지를 강화시키지 못하도록 하나님께서 막아 주시옵소서.

넷째, 북한과 중국당국이 공조해 탈북자들을 검거해 북송하고, 선교사들을 추방하는 악행이 중지되게 하여 주옵소서.

나훔 1장 2절에 "여호와는 질투하시며 보복하시는 하나님이시니라 여호와는 보복하시며 진노하시되 자기를 거스르는 자에게 여호와는 보복하시며 자기를 대적하는 자에게 진노를 품으시며" 말씀하신 여호와 하나님께 북·중 정상회담 이후 중국에서 탈북자들을 검거해 북송하고, 중국당국이 선교사추방을 강화하고 있음을 고발합니다. 오만하기 짝이 없는 중국과 북한의 위정자들에게 보복하시는 하나님의 능력을 확실하게 보이자 저들이 살아계신 하나님을 두려워함으로 그 모든 악을 그치게 하옵소서.

다섯째, 한반도를 중심으로 일어나고 있는 남·북, 미·북, 북·중 모든 관계가 오직 선하신 하나님께서 이루시는 복음통일의 때를 앞당기는 요소로만 작용되도록 역사하여 주옵소서.

요한1서 4장 9절에 "하나님의 사랑이 우리에게 이렇게 나타난 바 되었으니 하나님이 자기의 독생자를 세상에 보내심은 그로 말미암아 우리를 살리려 하심이라" 하신 주의 말씀으로, 북·중 정상회담으로 인해 염려되는 북한정권의 장기집권유지와 핵무력의 완성을 돕고 보장하는 방향으로 도모하려는 그 모든 계략을 덮으시고 무너뜨리사, 풍전등화와 같은 위기에 놓인 이 나라와 민족이 더욱 하나님을 사랑하고 거룩한 땅과 민족으로 거듭나게 하옵소서.

이 나라와 민족, 백성, 한반도 전체의 주인이 하나님이시고, 하나님께만 속하였음을 예수 그리스도의 이름으로 선포합니다.

Ⅳ. 변화 속의 북한선교 핵심전략

1. 북한은 억지 논리의 사이비 종교 집단

2. 북한선교의 핵심전략, '수령교'를 타파하는 일

4

변화 속의 북한선교 핵심전략

1. 북한은 억지 논리의 사이비 종교 집단

1) 북한의 대내외 정치에서 억지 논리

(1) 대내 정치 북 집단 체조의 억지

북한은 정권 수립(9.9절) 70년을 맞아 집단체조 '빛나는 조국'을 새롭게 선보였다. 지난 공연에는 평양시 중심 구역에 있는 소학교 및 초·고급 중학교(중·고등학교) 학생들이 대거 동원됐다.

평양 소식통은 지난번 집단 체조에는 평양시내, 특히 중심 구역에 있는 소학교와 초·고급 중학교 학생들이 대부분 참석했으며, 뿐만 아니라 평양 방직 공장 등 여러 공장과 기업소의 청년들과 과거 '아리랑' 때 동원됐던 창작 성원들은 물론 지방에서도 많은 학생과 예술인들이 동원 됐다.

지난 번에 첫 선을 보인 '빛나는 조국'은 '아리랑'의 후신으로 북한은 지난 2002년부터 시작된 아리랑 공연에 평양 시내 소·중 대학교 학생들과 여성 연맹원 등 10만 여명을 동원했다.

훈련과 본 공연까지 4~5개월 동안은 학교와 기업소도 가지 않고 하루 종일 공연 준비에 매진해야 하기 때문에 북한 주민들은 이를 '눈물의 아리랑'이라는 별칭으로 부르기도 했다.

이러한 대규모 집단 체조에서는 수개월간 혹독한 연습에 동원되기 때문에 일사병으로 쓰러지는 학생들이 속출한다고 한다. 북한 집단 체조를 다룬 영국 다큐멘터리 방송에서 한 소녀는 "장군님 모시고 행사하는 그날을 그리며 아픈 것도 참고 훈련합니다"라고 했다. 이는 엄연한 아동 학대이며 주민 학대다.

지난번 공연은 김일성-김정일-김정은으로 이어지는 영도로 어느덧 정권 수립 70년을 맞게 됐다는 서경(서막)으로 시작해 항일 무장 투쟁승리, 토지개혁, 조국해방승리, 전후 복구건설, 천리마운동, 국방 경제 병진 노선, 3대 혁명운동 등 북한의 주요 시대적 사건 등을 소개하는 방식으로 전개되었다. 그러나 정작 북한 주민들은 집단 체조 공연에 별다른 반응을 보이지 않고 있다. 북한 당국이 주요 정치적 기념일마다 집단 체조 공연을 진행해 왔기 때문에 대수롭지 않게 여기고 있으며, 오히려 관심은 9.9절을 맞아 어떤 선물이 내려질지에 쏠려 있다.

(2) 대남 전략에서 억지 논리

북한은 최근 남·북 정상회담 이후 당간부 강연회에서 남·북 평화 분위기가 조성될수록 경각심을 갖도록지시했다. 당의 결속 측면에서 당연한 것이나 남한의 제의를 '유혹'이나 '현혹'으로 몰아붙이고 있다.

대북 소식통은 "앞으로 정세가 어떻게 변하더라도 적들의 유혹에 넘어가지 말아야 하며 특히 '평화'라는 말에 현혹되지 말아야 한다는 내용의 강연이 있었다"며 "남조선에 대한 환상을 가지지 말고 자력 자강으로 강국을 건설한다는 마음 가짐을 가져야 한다는 내용도 포함됐다"고 전했다.

특히 북한은 평양 주민들에 대한 통제도 강화하는 것으로 알려졌다.

또 다른 대북 소식통은 "8월로 평양시당에서 평양 시내 무직자들에 대한 일제 조사를 진행한 결과, 평양 시민 230만 여명 가운데 28만 명 정도가 직업이 없는 것으로 조사됐다"고 전했다.[109] 주민생활은 제쳐놓고 대남 사상 교육에 역점을 두는 억지이다.

박원순 서울 시장이 지난 18~20일 열린 남·북 정상회담의 특별 수행원으로 평양을 방문했다. 박 시장은 현지에서 한 북한 간부에게 "20년이면 북한이 경제적으로 중국을 따라 잡지 않겠느냐"말했다. 당시 해당 간부는 "여명 거리를 보라 10년이면 된다"고 자신 있게 답했다.[110] 모델처럼 만들어 놓은 여명 거리에 환상을 가지고 있는 것이다.

북한은 1990년부터 사이버 무기(해킹)을 발전시켰다. 지난해 국내 가상 화폐 거래소 두 곳을 해킹해 76억원 어치를 훔치기도 했다. '북 해커 집단의 제 1타깃이 한국'이라는 미 국가정보국(DNI) 전 국장의 최근 경고처럼 북 해킹은 이미 북핵만큼 우리 안보의 치명적 위협이 됐다.

그런데도 9월 평양 정상 선언 부속 합의 성격인 남·북 군사 합의서에는 '모든 공간에서 적대 행위 금지'라면서도 사이버 공간에서의 위협을 제한하는 내용은 전혀 없다. 우리 군이 절대 우위에 있는 대북 정찰 자산에 대해선 기종 별로 세세하게 비행 금지 구역을 정해 놓고, 북이 빠르게 발전시킨 '사이버 전력'은 아예 언급하지 않았다. 북의 위협은 그대로 놔둔 채 한국의 전력 우위만 제거시킨 것이다.

클린턴 행정부 시절 국무장관을 지냈던 올브라이트 전 장관은 지난 10월 3일 '북한의 비핵화를 위한 미·북 협상에 대해 어떻게 생각하느냐'는 질문에 대해 "북한은 비핵화를 위한 미·북 협상에 대해 현재 (비핵화와 관련된)

---

109) 『조선일보』 2018. 10. 2
110) 『조선일보』 2018. 10. 5

특별한 계획도 없고 어떤 핵 무기를 갖고 있다고 밝히지도 않았다"며 "북한 비핵화 과정을 검증할 수 있는 프로세스가 필요한데, 북한은 양보한 게 없고 한국 정부가 무엇인가를 해 줄 것으로 기대한다"고 말했다.[111)]

북한 노동신문은 10월 7일 "남녘 땅 곳곳에서 경애하는 원수님(김정은)을 '전설 속의 천재', '소탈하고 예절 바르신 지도자', '덕망이 높은 지도자' 등으로 칭송하는 목소리가 그칠 새 없이 울려 나오고 있다"고 했다.

노동신문은 이 날 '숭고한 통일 의지와 포용력이 안아 든 결실'이라는 제목의 긴 논평에서 "남조선 각 계층은 경애하는 원수님께서 취해 주신 사려 깊은 조치들에 대해 한없는 감동을 금치 못했다"고 했다. 문재인 대통령과 김정은의 백두산 등반에 대해서도 "특히 경애하는 원수님께서 민족의 성산 백두산에 오르신 소식은 남녘 겨레를 격동시켰다"라고 했다.[112)]

(3) 국제 사회에서 익지

① 북한 외무상 리용호의 주장

리용호 북한 외무상은 지난 9월 29일 유엔 총회 연설에서 "미국은 70년 전부터 우리에 대한 적대시 정책을 해왔으며 수십 발의 원자탄을 떨구겠다고 공갈했고, 우리 문턱에 핵 전략 자산을 긁어 들인 나라"라고 했다. 미국이 처음부터 북한을 위협했고 이제까지 계속해서 침략 협박을 하고 있다는 논리이다. 참으로 어처구니 없는 억지 주장이다.

북한이 일방적으로 불법 침략한 대한민국을 구하기 위해 미국이 전쟁에 참여한 뒤 한·미 동맹을 맺어 북한의 도발 위협에 맞섰던 것이 북한이 주장하는 적대시 정책이다. 이후에도 북한이 대남 무력 도발을 지속하고 핵무기까지 개발, 실험하자 미국이 핵우산으로 지키겠다는 다짐을 해왔을 뿐

111) 올브라이트 "북 양보한 게 없고 한국 정부가 뭔가 해 줄 것 기대" 『조선일보』 2018. 10. 15
112) 북 "남 곳곳서 원수님을 전설 속 천재라 칭송" 『조선일보』 2018. 10. 8

이다. 수백만의 북한 주민들을 굶어 죽게 하면서 모든 자원을 핵 개발에 쏟아 부었으니 변명이 필요했겠지만 대내 선전 구호를 유엔을 상대로 풀어 놓은 것이다.

한반도 핵 위기 원인을 정반대로 말한 것은 핵위기 해결도 뒤집어 하자는 주장을 내 놓자는 억지 속셈이다. 리용호는 북한이 비핵화를 선행 조치를 했는데도 미국은 그에 상응하는 종전선언과 대북제재를 반대하고 있다고 비난했다.[113)]

한편 김일성대 총장은 뉴욕에서 열린 포럼에 보낸 연설문에서 그 동안 요구해온 종전선언에 덧붙여 평화 협정까지 비핵화의 전제 조건이라고 억지 주장했다. 또 그는 북한 핵 폐기에 앞서 미국의 핵 우산을 먼저 철거해야 한다고 주장했다. 한반도 비핵화가 엉뚱한 방향으로 흘러가게 할지도 모를 억지 주장들에 우리는 정신을 바짝 차려야 한다.

리용호 북한 외무상은 뉴욕에서 극비리에 친북 한인 모임에 참석해서 “북한은 비핵화를 향해 노력하고 있다. 미국은 이에 상응하는 행동을 취해야 한다”고 말하며 대북제재 해제를 호소했다고 10월 1일자 TBS 뉴스가 전했다.

② 김정은 위원장의 돌출 발언

김정은 북한 국무위원장이 중국의 건국 69주년인 10월 1일 시진핑 중국 국가 주석에게 축전을 보내 “앞으로는 당신과 손잡고 친선을 강화할 것”이라고 강조했다. 시 주석을 이례적으로 4번이나 당신이라고 친근하게 불렀다. 김정은은 이날 시 주석에게 보낸 축전에서 “당신과 그리고 당신을 통하여 중국 공산당과 중화 인민공화국 정부와 인민에게 열렬한 축하와

113) “리용호 핵무장 일방 해제는 없다” 『조선일보』 2018. 10. 1

따뜻한 인사를 보낸다"고 했다. 이어 "나는… 앞으로도 당신과 손잡고 노세대 영도자들께서 물려주신 고귀한 유산인 조·중 친선 새 세기의 요구에 맞게 더욱 승화 발전 시키기 위해 적극 노력 할 것"이라고 했다.

앞서 김정은 위원장은 6월 시 주석의 생일에 5년만에 축하 서한과 꽃바구니를 보낸 적은 있지만 당시엔 시 주석을 '습근평 동지'라고 6차례 불렀을 뿐 '당신'이란 표현은 없었다.[114)]

③ "종전 선언은 흥정물이 아니다" 강경자세 전환

북한 조선 중앙 통신은 지난 10월 2일 논평에서 "종전은 결코 누가 누구에게 주는 선물이 아니며 우리의 비핵화 조치와 바꿔 먹을 수 있는 흥정물도 더더욱 아니다"라고 주장했다. 그러면서 "미국이 종전을 바라지 않는다면 우리도 구태여 이에 연연하지 않을 것"이라고 밝혔다. '정치적 선언'에 불과한 종전 선언을 왜 못해 주느냐며 미국을 채근하던 기존 입장을 느닷없이 바꾸는 식으로 나온 것이다.

또 조선 중앙 통신은 미국 내에서 종전 선언의 대가로 북한의 핵 신고서 제출과 검증, 영변 핵 시설 및 미사일 시설 폐기 등이 거론되는 것에 '황당무계하기 짝이 없는 궤변, '광대극' 등의 표현을 써가며 비난했다. 영변 핵 시설에 대해서는 '우리 핵 계획의 심장부와도 같은 핵심 시설'이라고 덧붙였다.[115)]

④ 미국의 대북제재 완화 억지 요구

북한 노동 신문은 10월 4일 논평에서 "9월 평양 공동 선언에 반영된 우리의 주동적이며 선제적인 조치는 조선 반도 비핵화 실현에 대한 우

114) "시진핑을 '당신'호칭… 친근감 표한 김정은" 『동아일보』 2018. 10. 2

115) 『동아일보』 2018. 10. 3

리의 확고한 의지 표현으로서 미행정부는 그에 사의를 표하는 것이 마땅한 도리"라면서 "미국이 협상 상대의 선의적인 조치와 화해의 손길에 '제재 유지 강화'라는 가시 몽둥이를 내대고 있으니 이 얼마나 인사불성이고 무례 무도한 처사인가"라고 했다. 이어 "제재 타령으로 신뢰조성과 관계 개선에 그늘을 던지는 미국의 온당치 못한 태도가 모든 것을 원점으로 회귀시킬 수 있다"고 압박했다.

북한은 미국과의 물밑 접촉에서 영변 핵시설 폐기를 이행하면 미국이 제재 완화에 나서야 한다고 요구한 것으로 알려졌다. 그러나 미국은 대북제재 완화 요구를 일축했다. 북한이 핵시설 신고를 뒤로 미루고 있는데다 영변 핵시설 폐기 사찰에 확답을 주지 않고 있는 상황에서 대북제재를 풀 수 없다.

북한은 10월 4일 미국이 주도해 온 대북제재에 대해 "조·미 협상의 진전과 조선 반도 비핵화를 바라는 미국이 알아서 스스로 처리해야 할 일"이라고 주장했다. 이날 노동 신문은 논평에서 대북제재와 유지 강화 방침을 밝힌 미국을 향해 "화해의 손길에 가시 몽둥이를 내대고 있으니 이 얼마나 인사불성이고 무례. 무도한 처사냐"며 "전쟁이나 다름없는 적대 행위"라고 했다. 또 "대화 분위기에 찬물을 끼얹는다"며 "그 경직성과 무례함에 경악을 금할 수 없다"고 했다. 이어 "제재가 미국에 대한 우리의 불신을 증폭시키는 근본 요인의 하나"라고 했다.[116]

폼페이오 장관은 지난 7월 3차 방문 직후 북한과의 협상은 생산적이었다고 했다. 그러나 폼페이오 장관이 평양을 떠난 지 5시간만에 북한 외무성 대변인은 담화를 통해 "미국이 일방적, 강도적 비핵화 요구만을 들고 나왔다. 실로 유감"이라고 밝혔다. 진전을 거뒀다는 비핵화 시간표도

116) 『조선일보』 2018. 10. 10

이후 유야무야 되어 버렸다.[117)]

⑤ 미 상원의 북한 내 정치범 수용소 철폐 촉구 결의 반발

북한 대남 선전 매체 '우리민족끼리'는 10월 5일 미국 상원 외교위원회가 최근 북한 내 정치범 수용소 철폐를 촉구하는 결의안들을 통과 시킨 데 대해 "조·미 관계 개선에 찬물을 끼얹는 고의적인 도발행위"라는 비난 논평을 냈다. 이 매체는 "역사적인 평양 북남 수뇌 상봉을 계기로 교착상태에 빠졌던 조·미 대화 분위기가 다시 살아나고 있다"며 "이러한 때에 미 의회가 우리를 반대하는 대조선 적대시 법안들을 연이어 조작해 낸 것은 조.미 관계를 대결과 전쟁 국면으로 역전시켜 보려는 불순한 기도가 깔려 있다"고 주장했다.[118)] 비참한 정치범 수용소의 실체가 국제사회에 드러날까 두려워하는 억지 주장이다.

⑥ 트럼프 대통령 '평양 방문 강력 희망

김정은은 수 차례 트럼프 대통령에게 친서를 보내 트럼프 대통령이 평양 방문을 요청해 왔다. 김정은 위원장과 북한을 국제사회에 크게 격상시켜 보겠다는 계산이다. 이와 관련 뉴욕타임스는 지난번 방북에 동행한 미 정부 관계자를 인용해 "폼페이오 일행과 별실에서 만찬을 함께 한 북한 정부 관계자들은 '트럼프 대통령이 평양을 방문해 김 위원장과 제2차 정상회담을 갖길 희망한다"며 관대한 지도자인 트럼프 대통령이 없었다면 북한과 미국이 지금 같은 관계에 이르지 못했을 것이라고 말했다"고 보도했다. 트럼프 대통령의 평양 정상 회담을 이끌어 김정은 위원장을 세계의 지도자로 치켜 올려 보겠다는 전략이다.

⑦ "100년이든 제재해보라" 북 큰소리

북한은 10월 12일 노동신문을 통해 "기어이 자체의 힘으로 그 어떤 제

117) "봉세리 시칠? 김정은이 같은 車 두 번 팔았다" 『조선일보』 2018. 10. 10

118) "북 매체 '미 의회가 대화 분위기 망치고 있다.'" 『조선일보』 2018. 10. 6

재도 뚫고 천하 제일 강국 사회주의 무릉도원을 일떠 세우겠다는 것이 우리 인민의 배짱"이라며 "10년이고 100년이고 제재를 하겠다면 하라"고 했다. 노동신문은 이날 '높은 계급적 자존심이자 자력 갱생의 정신이다'라는 제목의 논설에서 "군사적 힘에 의한 대 조선 압살 정책이 총 파산된 데 질겁한 적들은 살인적인 제재 봉쇄를 최후의 수단으로 삼고 있다"며 이처럼 주장했다.

노동신문은 또 "지금 적대 세력들은 우리 공화국에 대한 제재 도수를 더욱 높이고 있으며 우리 앞에는 시련과 난관이 조성되고 있다"며 "우리 인민의 계급적 자존심은 더욱 강렬하게 분출되고 있으며 그것은 자력 갱생의 위력으로 경제 건설 속도를 가속화해 나라는 희망찬 화폭을 펼치고 있다"고 했다.

대북제재 아래에서도 경제사정이 나아지고 있다고 대내외에 주장한 것이나, 북한 식량 사정은 최근 급격히 악화되고 있다.[119)]

2) 정치 이념에서 억지논리

(1) 통치 이데올로기로서 주체사상

김일성은 49여 년간 긴 세월 북한을 통치하는 동안 세계 어느 공산주의 국가에서도 찾아 볼 수 없는 개인숭배 중심 독재정권을 수립하였다. 김일성은 북한 공산주의사상을 자신의 주체사상 즉 유일사상으로 바꾸어 놓음으로써 본래 의미의 공산주의를 대폭 약화시켰다. 북한에는 어떠한 체제나 제도가 있어 북한사회를 다스린다고 하기보다는 주체라고 하는 교리를 내세우는 '수령교'가 있어 종교적인 의미에서 북한을 통치한다고 볼 수 있다.

---

119) '2018년 세계기아지수'에 따르면 북한의 기아 수준은 조사 대상 119개 국가중 11번째로 심각했다.『조선일보』2018. 10. 13

주체사상을 통해서 김일성이 목표하는 것은 북한 인민들을 사상적으로 획일화하고 정치적으로 일인독재자에 복속시키는 것이며 '당의 유일사상 체계'를 확립하자는데 있다. 유일사상이란 따지고 보면 북한 노동당 내에 김일성 주체사상 이외에 다른 어떠한 사상도 존재하거나 허용할 수 없다는 것이다.[120]

당원에게는 김일성의 노선에 충실한 의무만이 있고 "당과 당원은 모두 숨을 쉬어도 수령과 같은 숨을 쉬고 말을 하여도 같은 말을 하고 일치하게 행동해야 한다"는 원칙 하에 "수령께서 주신 영예로운 과업을 무조건 수행하는 길에는 살아도 영광, 죽어도 영광, 김일성 수령의 교시를 관철하기 전에는 죽을 권리도 없다"는 철저한 김일성 중심의 생활을 강요하고 있다.

그리하여 북한을 지배하는 김일성의 권력은 이제까지 인간이 가질 수 있는 최고의 권력일 뿐만 아니라 북한 주민들에게는 신적인 존재로서 그 권력은 어느 누구도 감히 도전할 꿈도 못 꾸는 두려운 것이었다.

김일성은 북한전역에 3만5천 개에 달하는 동상, 석고상, 대리석상들을 세워놓고 오가는 주민들로 하여금 그 앞에 머리 숙여 배례케 했고 자신을 전설적 인물로 우상화하기 위해 혁명 전적지, 혁명사적지, 혁명사적물, 혁명박물관, 혁명사상 연구실, 기념비, 헌시비 등을 세워놓고 주민들에게 교육을 시켰다. 이러한 김일성의 신격화는 지금 김정일과 김정은에게 그대로 전수되고 있다.

(2) 사이비 종교적 신앙으로 변신한 주체사상

주체사상은 1955년 12월 28일 김일성이 노동당 선전선동 대회에서 '사상

120) 유석렬『남·북한 관계론』(서울; 정음사, 1985) pp 255~258

사업에서 교조주의와 현실주의를 퇴치하고 주체를 확립한 데 대하여'라는 연설에서부터 시작되었다.[121]

1980년 제 6차 당대회를 통해 북한정권은 당 규약 전문에 "조선 로동당은 오직 위대한 수령 김일성 동지의 주체사상, 혁명사상에 의해 지도된다" 고 명시함으로써, 주체사상은 공식적인 정치지도 이념으로 규정됐다.

사회주의자들이나 공산주의자들은 종교를 '인민의 아편'으로 규정하여 사회에서 종교를 추방하였지만 아이러니컬하게도 존재를 부정한 종교의 자리에 주체사상이 종교로서 자리를 잡은 셈이다. 1982년에는 주체사상의 철학적 측면을 체계화시켰는데 이것이 일단락된 후 인간중심 철학이 더욱 강조되었다. 1986년에는 수령론과 집단주의 사회적 원리를 결합한 이른바 '사회정치적 생명체론'으로 발전되었다.

주체사상은 처음에는 단순한 통치 이데올로기로 출발하였지만 결국에는 종교적 신앙으로 발전하게 되었다. 주체사상이 종교적 차원으로 발전되는 계기가 된 것은 '수령론'이 대두하면서부터였는데 이와 같은 철학적 연구의 진전으로 주체사상의 종교성이 심화되었다. 그러나 주체사상이 종교적 신앙으로 심화된 것은 바로 사회정치적 생명체론이 완성되면서부터였다.

인간의 생명을 육체적 생명과 사회정치적 생명으로 구분하여 개인이 소유할 수 있도록 만들었다는 사실은 주체사상이 종교로 발전하는데 결정적으로 기여하였다. 수령관과 주체철학, 그리고 사회정치적 생명체의 출현으로 이어지면서 주체사상 이데올로기는 종교적 신앙으로 변신한 것이다.

---

121) 『김일성 선집 4』(평양; 조선 노동당 출판부, 1960) pp 230~231

3) 주체사상의 교리

주체사상은 유물론적 가치관에 뿌리를 두고 있기 때문에 인간의 경험적 영역을 초월하는 추상적인 신의 존재를 부인한다.[122] 그 대신 종국에 가서는 공산주의라는 지상낙원이 이 땅에 실현될 것이라는 확고한 신념과 확신이 하나님의 영역을 차지하고 있다. 또한 하나님이 예수라는 인간으로 성육신함으로써 보이는 하나님으로 환원되었듯이 김일성은 공산주의라는 절대적 가치를 이 땅에 실현하는 중재자이면서 동시에 신적인 존재로 인식되고 있다.

김일성이 기독교에서의 하나님과 완전히 같다고 주장할 수는 없겠지만 김일성이 사망한 이후 '보이지 않는' 김일성에 대한 점차 기독교의 하나님과 같은 신적인 존재로 주체사상의 신학이론을 발전시킬 가능성은 높아지게 되었다.

특히 1980년대 이후에는 김정일에 대해 '아버지의 아들'로서 정통성과 신성을 강조하고 있는데 예수님이 구약성서에 나타난 하나님과 인간과의 언약을 계승하고 성취하는 자로서의 위치를 확보했듯이 김정일은 김일성의 위업을 계승하고 성취하는 자로서 신적인 권위를 부여 받고 있다. 김정은도 같은 논리이다.[123]

북한은 김일성 유일사상을 만들고 이것을 '10대 원칙'으로 명문화하고 있다. 이 '유일사상 체계 확립의 10대원칙'은 김일성 수령에 대한 무조건적인 충성을 맹세하고 김일성 주체사상의 절대화를 요구하고 있다. 이것은 오직 여호와 하나님만을 유일한 신으로 섬겨야 하며 우상을 만들지 말고 여호와의 이름을 망령되이 일컫지 말라는 등의 10계명으로 명문화

122) 유석렬 『남·북한 관계론』 pp 236~237
123) 『노동신문』 사설 (1966. 8. 12)

한 기독교의 유일신 사상과 일맥상통한다. 기독교에서의 10계명은 1~3계명만 하나님과의 관계를 규명했지만, 유일사상 10대원칙은 모두가 김일성에 대한 절대적인 충실성을 요구하고 있다는 데서 그 차이점을 찾을 수 있다.

기독교인들에게 십계명은 논란의 여지가 없는 하나님의 말씀으로 여기며 신앙인으로서 지켜야 할 최소한의 규칙을 명시한 것이다. 마찬가지로 북한사람들의 모든 생활을 규제하는 것은 '유일사상 확립의 10대원칙'이며 모든 언행은 이 '10대원칙'에 근거하여 평가 받는다.

주체사상과 김일성의 존재는 분리해서 생각할 수 없으며, 김일성이라는 유일신은 기독교보다 더 엄격한 행동 규율을 요구하며 신으로서 절대성을 유지하고 있다.[124] 기독교에서 예수의 존재가 필연적으로 요청되듯이 주체사상의 교리에서도 수령의 존재는 필요 불가결한 요소이다. 사회주의 혁명과 건설을 성취하기 위해서는 인민의 역량을 통일적으로 지도할 수령의 존재가 반드시 필요하다. 노동계급을 비롯한 평범한 인민대중은 혁명의 위대한 수령을 모시고 수령의 세련된 영도 하에 투쟁해야 혁명과 건설에서 승리할 수 있다. 수령이 주체사상에서 하나님과 같은 절대적 지위를 차지한다는 점에서 주체사상은 '수령교'로 불릴 수 있다.

기독교의 구원과 영생의 사상이 주체사상에서도 있다. 북한은 수령인 김일성이 일제의 압제로부터 인민을 해방시키고 구원했다는 일종의 신화를 갖고 있다. 우리 민족이 일제 식민통치에 신음하고 있던 상태에서 항일무장 투쟁을 통해 조선인민을 구원했다는 것이다. 주체사상은 과거의 구원뿐만 아니라 미래의 구원, 즉 영생을 부여한다. 인간의 생명을 육체적 생명과 사회정치적 생명으로 구분하고 사회정치적 생명의 영원

124) 유석렬 『남·북한 관계론』 '이데올로기의 개념' pp 254~255

성을 주장한다. 사회정치적 생명체론은 개인의 삶과 죽음의 문제를 다루고 있다는 점에서 일종의 신앙 또는 인생관으로 내면화되는 주된 원인이 되고 있다.

기독교에서 신자들로 이루어진 공동체인 교회는 '예수 그리스도의 몸'으로 표현된다. 따라서 신자는 그리스도의 몸, 즉 예수님의 백성과 그의 교회 안에 포함될 때에만 가능하다. "하나는 전체를 위하여, 전체는 하나를 위하여" 존재한다는 북한의 집단주의 교리는 공동체적 교회의 교리와 일치한다.

이 사회정치적 생명체에서 김일성은 수령으로서 신체의 뇌수이며, 당은 혈관이고 인민은 신체의 각 부분으로 간주된다. 수령, 당, 대중은 삼위일체의 통일체로서 개별적으로 분리될 수 없다. 사회정치적 생명체론은 기독교인들이 너무나 잘 아는 사도 바울의 지체론과 같다. 즉, "나는 포도나무요 너희는 가지니 저가 내 안에 내가 저 안에 있으면 이 사람은 과실을 많이 맺나니 나를 떠나서는 너희가 아무것도 할 수 없음이라(요15:5)"함과 같다.

기독교는 예수의 재림과 함께 전체적 부활이 진행되고 최후의 심판과 더불어 '하나님 나라'가 완성될 것을 믿는다. 주체사상은 사회주의, 공산주의의 종국적 승리를 믿고 있으며 동시에 이 땅에서 사회주의·공산주의 지상낙원이 이루어질 것을 믿는다. 종말론적 사상은 언젠가 도래할 낙원을 기대하고 현재의 경제적·사회적 어려움을 견디어 가도록 가르친다.

뿐만 아니라 기독교가 죄와 사탄의 세력과 투쟁해야 함을 강조하는 것과 마찬가지로 주체사상으로 무장한 북한은 자본주의·제국주의 세력을 사탄으로 규정하고 사탄의 세력을 타도하기 위해 전투적 태도로 임할 것을 독려하고 있다.

4) 기독교와 주체사상

북한에는 어떠한 정치체제가 있다기보다는 '주체'라는 교리를 가진 이른바 '김일성교'라는 사이비 종교집단이 있다. 북한에 한때 납치되었던 신상옥씨는 북한체제야 말로 김일성-김정일 신정체제이기 때문에 교조적이니 폭력혁명이니 하는 말로 간단히 설명할 수 없다고 말한 바 있다. 김일성 수령이 말한 것은 모두가 주체사상이요, 교리로 승화되고 있고 북한주민들에게 수령님의 말씀은 '복음'이요, 과학이요 예술이라는 것이다.

이처럼 북한의 주체사상은 북한사람들에게 내재적으로 종교화되었다. 북한 주민들은 인간에게 육체적 생명과 사회적 생명이 있다는 주체사상의 사회 생명체론을 믿고 있다. 이러한 논리에 따라 김일성 수령의 육체적 생명은 죽었을지라도 그의 사회적 생명은 영생불멸하고 그가 창시하고 가르친 주체사상의 길을 따라야 한다는 데는 어느 누구도 이의를 제기하지 않고 있다.

김일성 수령은 사망 후에도 하늘에 있는 신으로 받들고 김정일은 기독교에서 말하는 '하나님의 아들인 예수님'과 같은 존재로서 세상을 통치한다는 것이다. 1998년 9월에 개정된 북한의 헌법 전문에 김일성을 '영원한 주석'으로 받들어 모신다고 한 것도 그와 같은 논리를 따른 것이다.[125)]

북한에서는 김일성의 생애는 신약이고 조상숭배는 구약으로 상징되어 있다. 김일성-김정일의 초상화나 석고상은 이른바 '십자가', 전국 45만여 곳의 김일성-김정일 혁명사상 연구실은 '교회', 김일성의 출생지라고 하는 만경대는 '성지'가 되고 있다. 수령·당·인민의 사회 생명체 논리는 '성부·성자·성령 3위일체'이고 토요학습은 '구역 예배', 총화는 '간증', 독보회는 '성

---

125) 유석렬,'북한이 내세우는 주체사상의 허상'『평화통일』 1994. 12. 27

경공부', 그리고 통일은 '예수 재림'으로 믿고 있다는 것이다. 만경대 김일성 생가 옆에 있는 샘물을 '생명수'라고 하여 "이 물을 마시는 자는 영원히 산다"고 선전하는 것도 같은 맥락이다.

특히 개신교가 주일예배를 비롯하여 수요예배, 새벽기도회, 철야기도회, 토요집회, 금요구역예배, 가정예배 등 일주일 주기의 모임과 집회를 갖는 것처럼 북한에서도 일주일을 단위로 주간 생활총화, 수요 강연회, 아침 독보회, 월요 학습침투를 비롯하여 인민학습, 철야학습, 새벽참배 등의 집회를 유지하고 있으며, 체계적으로 학습을 통해 신앙을 유지하고 있다.

총화 시 김일성, 김정일의 교시와 말씀을 먼저 인용하고 나서 자신의 생활을 비판하는 것은 기독교에서 설교를 하거나 신앙교육을 할 때 먼저 성경을 인용하고 그것을 기준으로 현실과 생활 세계를 분석하거나 신앙생활을 점검해 나가는 방식과 같다. 또한 자아비판은 기독교의 예배에서 하나님께 자신의 살못을 회개히고 결심하는 기도 행위에 해당한다.

기독교인들이 성경을 소중히 여기며 모든 행동지침을 성경으로부터 찾는 것과 같이 북한 사람들도 성경의 일종인 주체사상의 경전, 즉 김일성 교시와 김정일, 김정은의 말씀에 따라 생각하고 행동한다. 기독교인의 신앙을 유지하는데 있어서 찬양이 중요한 수단이듯이 북한에도 김일성, 김정일, 김정은 찬양가가 공식·비공식 행사에 동원되고 있다. 기독교인들이 대화나 논문에서 성경을 인용하듯이 북한에서도 생활의 모든 영역에서 교시와 말씀을 인용한다. 은혜와 사랑, 믿음, 구속, 구원, 영생 등 기독교적 종교언어를 빈번하게 사용하는 현상들은 주체사상이 종교성을 담고 있기 때문이다. 공식 교인이 되기 위해 공개적인 가입절차를 밟는 것도 주체사상과 기독교가 유사한 점이다.

대한항공 858기 폭파범인 김현희는 성경공부를 처음 시작했을 때 "성경 말씀이 어쩌면 그렇게도 주체사상과 비슷한지 모르겠어요. 성경을 먼저 공부하고 주체사상을 배우면 이해가 빠를 것 같아요. 성경에 나와 있는 예수님이란 이름 대신에 김일성이란 이름을 집어넣으면 될 것 같아요"라고 말했다.[126)]

1992년 4월초 북한의 대중잡지 '천리마'지는 '김일성 수령은 조선의 하느님'이라는 제목의 글에서 "김일성은 일제로부터 민족을 구원해준 조선의 하느님"이라고 했으며, 북한의 선전기관들은 "어버이 수령님을 천국으로 높이 받들어 모시고 해와 달이 다하도록 끝까지 충성을 다할 것"을 강력히 독려했다.

남·북 고위급 2차 회담 시 백화원 초대소의 한 여종업원은 주체사상에 대하여 "태양빛은 그늘이 생기지만 어버이 수령님의 햇살에는 그늘진 곳이 생기지 않는다"는 신앙고백을 했다. 북한에서는 18세 이상만 되면 누구나 김일성-김정일 배지를 가슴에 달고 다닌다. 우리 기자들이 안내원에게 "이것 왜 달고 다니느냐"했더니, "마음에서 절로 우러나는 존경심 때문이야요"라고 대답했다. 우리 기자가 "평양에 온 기념으로 김일성 배지나 선물로 달라"고 농담했더니, 안내원은 정색을 하면서 "진심으로 모실 겁니까?"라고 반문을 한 것을 보아도 그의 신앙 척도를 짐작할 수 있다.

북한 주민들의 마음속에는 지난 반세기 동안 김일성 수령이라는 거짓 신이 자리잡고 있었다. "수령님만 모시면 어떠한 어려움도, 고통도, 배고픔도, 슬픔도 모두 이겨낼 수 있다"는 신앙을 가지고 살아왔다. 그런데 문제는 그러한 신앙의 대상인 김일성 수령이 사망한 것이다. 김정일이 수령으로서 그 자리를 즉각 채워줄 것으로 기대했으나 김정일은 '유훈통치'를 내세워

---

126) 유석렬,'거짓신이 지배하는 북한'『신앙계』 2002. 2. 12

그 빈자리를 메꿔 주지 못했다. 김정은도 마찬가지였다. 그러자 북한주민의 마음이 표류하게 되고 공허함 때문에 불안감을 갖기 시작했다.

김일성 수령에 대한 북한인들의 신앙이 하나님에 대한 일반 기독교인들의 믿음과 유사한 것으로 볼 때, 북한인들은 수령 없이 살아가는 데서 생기는 심리적 공황이 있을 것은 당연한 것이다. 의지할 수 있는 수령이 사라진 데서 사는 것은 무엇인가를 잃어버린 목적 없는 삶과 같은 것인데 이는 종교생활과 신앙을 통해 극복하는 과정이 필요할 것이다.

거짓 신이 빠져나간 그들의 공허한 마음을 무엇으로 채울 것인가? 또 다른 거짓 신(김정일 김정은)이 자리 잡기 전에 참신(하나님)이 그들의 마음에 믿음, 소망, 사랑을 줄 수 있도록 하는 것이 우리 크리스천들이 해야 할 임무이다. 프랑스와 이탈리아에서 초기 공산주의가 몰락하자 카톨릭교가 그 빈 자리를 신속하게 메꿔 주어 지금도 이들 나라 국민전체의 90% 정도가 카톨릭교인들이라는데 주목할 필요가 있다.[127)]

북한 선교는 이 시대에 사는 우리 크리스천들의 몫이다. 북한의 현실을 정확히 파악하고 효과적인 선교전략을 위하여 지혜를 함께 모을 때이다. 북한의 현실을 무시한 북한선교의 시행착오로 구제사업으로 식량이나 지원하면서 영혼구원의 사업을 소홀히 한다면 우리에게 그 책임이 없다 하지 못할 것이다.

5) 우리의 기도

북한이 주체사상의 허무한 억지논리로 통치이념을 삼는 것에서 나아가

---

127) 유석렬,'김정일 세습 둘러싸고 북한 내부의 갈등이 심각'『한국신보』 1984. 8. 11

수령을 신격화함으로 주민들을 다스리고, 이것을 대외적인 정치의 기반으로 삼아 악행을 일삼는 상황을 하나님께 아뢰며 간구합니다.

첫째, 북한에서 수령을 신격화하는 우상숭배의 죄악이 중지되게 하옵소서.
이사야 45장 21절에 "너희는 알리며 진술하고 또 함께 의논하여 보라 이 일을 옛부터 듣게 한 자가 누구냐 이전부터 그것을 알게 한 자가 누구냐 나 여호와가 아니냐 나 외에 다른 신이 없나니 나는 공의를 행하며 구원을 베푸는 하나님이라 나 외에 다른 이가 없느니라" 말씀하신 여호와 하나님, 지난 70년 동안 북한에서 수령을 신적 존재로 만들어 놓고, 북한주민들로 하여 전지전능한 신으로 고백하고 믿도록 강요해 온 죄악이 중지되게 하시고, 하루 속히 북한의 모든 백성들이 오직 하나님만을 섬기는 복을 누리도록 긍휼을 더하여 주옵소서.

둘째, 사회정치적 생명을 부여해 수령이 개인의 삶과 죽음의 문제를 다루고, 죽어서도 영원 불멸하여 북한주민들을 지배하도록 구축된 견고한 진을 파하여 주옵소서.
예레미야 50장 44절에 "보라 사자가 요단의 깊은 숲에서 나타나듯이 그가 와서 견고한 처소를 칠 것이라 내가 즉시 그들을 거기에서 쫓아내고 택한 자를 내가 그 자리에 세우리니 나와 같은 자 누구며 출두하라고 나에게 명령할 자가 누구며 내 앞에 설 목자가 누구냐" 말씀하신 여호와 하나님, 김일성, 김정일의 수많은 초상화나 석고상을 세우고, 전국 45만여 개의 김일성·김정일 혁명사상 연구실 등을 만들어 북한주민들로 하여금 끝없이 수령을 숭배하도록 세뇌하는 죄악이 그치게 하시고, 그 견고한 진을 구축하는 모든 형상들을 파하여 주옵소서.

셋째, 김일성으로부터 김정일, 김정은에 이르기까지 수령의 말이 곧 교시가 되어 북한주민들을 통치하는 요소로 작용하는 거짓 된 조직과 구조를 깨트려 주옵소서!

고린도후서 10장 4~6절에 “우리의 싸우는 무기는 육신에 속한 것이 아니요 오직 어떤 견고한 진도 무너뜨리는 하나님의 능력이라 모든 이론을 무너뜨리며 하나님 아는 것을 대적하여 높아진 것을 다 무너뜨리고 모든 생각을 사로잡아 그리스도에게 복종하게 하니 너희의 복종이 온전하게 될 때에 모든 복종하지 않는 것을 벌하려고 준비하는 중에 있노라” 말씀하신 주님, 한낱 죄인의 괴수인 김일성으로부터 김정일, 김정은이 신적 존재가 되어 북한주민들을 통치하는 죄악이 그치게 하시고, 이를 위하여 한국교회와 성도들이 북한선교에 적극 참여해 진리 되신 하나님의 복음을 증거 하는 일에 헌신하게 하옵소서.

넷째, 북한이 대남 전략에서 일삼는 억시논리를 그치게 하시고, 그들의 주장에 남한정부와 백성들이 속지 않게 하옵소서.

이사야 33장 1절에 화 있을진저“너 학대를 당하지 아니하고도 학대하며 속이고도 속임을 당하지 아니하는 자여 화 있을진저 네가 학대하기를 그치면 네가 학대를 당할 것이며 네가 속이기를 그치면 사람이 너를 속이리라” 말씀하신 여호와여, 1945년 해방과 함께 분단되어 오늘에 이르기까지 대남적화야욕을 위해 끝없는 도발을 일삼아 온 북한의 계략을 고발합니다. 북한이 악한 의도를 가지고 접근할 때는 그 모든 것을 숨김없이 드러내주시고, 남한에서도 북한의 속내를 정확히 보고, 그에 따른 정책을 구현해 갈 수 있도록 지혜를 주옵소서. 그리하여 하나님의 뜻이 이 땅 가운데 임하도록 역사하여 주옵소서.

다섯째, 국제 사회도 북한의 억지 논리에 속지 않게 하옵소서.

요한계시록 19장 15~16절에 “그의 입에서 예리한 검이 나오니 그것으로 만국을 치겠고 친히 그들을 철장으로 다스리며 또 친히 하나님 곧 전능하신 이의 맹렬한 진노의 포도주 틀을 밟겠고 그 옷과 그 다리에 이름을 쓴 것이 있으니 만왕의 왕이요 만주의 주라 하였더라” 말씀하신 하나님, 국제사회에서 북한이 세 살짜리 어린아이와 같은 억지논리를 주장하며, 자신들의 목적만을 이루는데 혈안이 되어 있는 죄악을 버리게 하시고, 그러할지라도 그 모든 계획이 전능하신 하나님의 손에 들려져 다스림을 받아 오직 하나님의 뜻만 이뤄지게 하옵소서. 국제 사회가 북한의 억지 논리에 속거나 휘말리지 않도록 보호하여 주옵소서.

예수 그리스도의 이름으로 기도합니다. 아멘

2. 북한 선교의 핵심전략, '수령교'를 타파하는 일

1) 통일과 선교의 최대장애, 북한의 신정체제

북한에는 사회주의나 공산체제와 같은 어떤 정치체제가 있는 것이 아니고 '주체'라는 교리를 가진 이른 바 '김일성교'라는 사이비 종교집단이 있다. 북한을 연구하는 정치학자들의 가장 큰 고민은 세계 어느 곳에서도 북한과 유사한 정치체제를 발견할 수 없다는 데 있다. 어느 독재국가나 공산국가에서도 북한과 같은 정치 모델을 찾을 수 없기 때문이다. 북한에서는 김일성이 말한 것은 모두가 주체사상의 교리로 승화되어, 북한 주민들에게 수령님의 말씀은 '복음'이요, 과학이요, 예술이 된다.[128)]

북한의 신정체제는 이른바 '백두혈통'이란 말로 정당화 시키고 있다. 김일성 사후 '백두혈통'이란 용어를 강조하는 것은 김일성의 신정체제가 김정일·김정은에게로 이어나감을 확인시키려는 것이다. '백두혈통'이란 김일성이 백두산 정기를 받고 태어나 북조선 왕국을 창시하고 그 직계자손들이 대를 이어 북한을 통치한다는 의미이다. '백두혈통'이란 조작된 용어지만 북한에서의 권력은 여기에서만 나온다. 누구든지 '백두혈통'을 등에 업어야 권력 안에 들어갈 수 있고 '백두혈통'을 등지고서는 한시도 권력에 머무를 수 없다.[129)]

'백두혈통'이란 김일성, 김정일, 김정은으로 이어지는 '수령'들과 그 직계가족들이다. 출생이나 결혼 등으로 이뤄지는 '백두혈통'은 김씨 왕조의 최고 권력자들로 어느 누구도 넘볼 수 없는 위치를 확보한다. 북한에 '백두혈통'을 비롯한 신정체제가 자리를 잡고 있는 한 남·북한을 정치, 경제, 문화

128) 북한에 한때 납치되었던 신상옥씨는 북한체제야 말로 김일성, 김정일 신정체제이기 때문에 교조적이니 폭력억병이니 하는 말로 간단히 설명할 수 없다고 말한 바 있다.

129) 「조선일보」, 2014.7.2

적으로 합치는 통일은 생각할 수 없으며, '백두혈통'이나 신정체제와 양립할 수 없는 북한 선교는 불가능하다. 한 하늘에 두 태양이 있을 수 없듯이 북한이 하나님처럼 여기는 '백두혈통'과 참 신이신 하나님을 동시에 섬길 수 없기 때문이다.

한반도에 진정한 통일을 이루고 북한을 구원하는 진정한 선교를 위해서는 북한을 틀어쥐고 있는 악령과의 전쟁에서 승리하는 것이 우선이다. 북한의 현 체제가 건재하는 한 통일이나 선교는 불가능하기 때문에 이 영적 전쟁에서 북한을 틀어쥐고 있는 악한 마귀들과 싸워 이겨 하나님의 영이 북한을 지킬 수 있도록 해야 한다. "우리가 싸우는 병기는 육체에 속한 것이 아니요, 오직 하나님 앞에서 견고한 진을 파하는 강력"(고후 10:4)이 되어야 한다.

2) 통일과 북한 선교

민족통일이나 북한 선교를 위해서는 무엇보다도 북한에 대한 정확한 상황판단을 위한 총체적인 능력을 기르는 것이 중요하다. 북한의 내부 실상과 대남전략을 종합적으로 냉철하게 평가할 수 있는 전문가 집단을 만들어 대북정책의 원칙과 목표를 설정하고 목표달성을 위한 전략을 세우는 것이다.

월남은 무력, 예멘은 이슬람, 독일은 돈으로 통일을 했지만 우리의 통일은 복음으로 이뤄야 한다. 무력이나 흡수통일을 한다면 서로 미움으로 만나 어느 쪽이든 엄청난 희생을 치를 수 밖에 없다.

복음통일이란 '여호와를 자기 하나님으로 삼는 나라', 즉 가증한 우상을 버리고 진실과 공평과 정의로운 나라, 인권이 보장되는 나라, '하나님이 보우하사 우리나라 만세'를 노래하고 고백하는 그런 나라다. 그리스도 안에서 참 자유의 나라, 대한민국을 건설하는 것이다. 성경적 가치가 지배하는 나라, 믿는 자들이 신행일치의 삶을 통해 세상의 빛과 소금의 역할을 하며 하나님께 영광을 돌리는 나라다. 하나님의 뜻을 세워 나가는 복음화된 통일조국을 건설하는 것이다.

3) 통일의 방법, "내 손에서 하나가 되리라"

성경말씀은 "이스라엘 지파들의 막대기를 가져다가 유다의 막대기에 붙여서 한 막대기가 되게 한즉 내 손에서 하나가 되리라"했다.[130] 즉 이스라엘 지파와 유다가 하나님 손에서 하나로 통일됨을 의미하고 있다. 만유를 통일하시는 하나님 안에 있을 때만이 남한과 북한의 통일을 이룰 수 있다는 의미이다. 우리는 통일에 적합한 여건을 만들기 위해서 북한과 협력하고 주변국들로부터 도움을 받을 수 있도록 노력하면서 깨어 통일을 준비해야 하지만 통일을 이루시는 분은 하나님이시다.

성경말씀에 따르면 "하나님은 우리의 화평이신지라 둘로 하나를 만드사 중간에 막힌 담을 자기육체도 허시고"(엡 2:14)라 했다. 즉 하나님은 '화평'이시기 때문에 중간에 막힌 담을 허시고 남·북한 갈등을 해소시켜 화평케 하신다는 것이다. 또 에베소서 2장 16절에서는 "원수 된 것을 십자가로 소멸하시고"라고 하셨다. 남·북간에 원수 된 것은 십자가의 사랑과 용서만이 소멸시킨다는 것이다.

130) 「에스겔」 37장 19절

4) 북한 선교의 방향

한국교회는 그 동안 민족의 복음화에 소극적이었던 잘못을 돌이키고 앞으로 더욱 적극적으로 나서야 한다. 이제까지 한국교회가 북한 선교와 관련해서 갖고 있는 잘못된 판단은 첫째, 지금은 북한 선교가 시기상조라는 것이다. 남·북관계가 좋아지거나 북한의 종교탄압의 기세가 꺾이거나 아니면 통일이 이뤄진 후에 선교를 해도 늦지 않다는 것이다. 아주 잘못된 판단이다. 성경은 "너는 말씀을 전파하라 때를 얻든지 못 얻든지 항상 힘쓰라"(딤후 4:2)고 했다. 둘째, 차선책으로 김정은 정권이나 조선그리스도교연맹을 통한 북한 선교의 기반을 미리 구축해 두어야 한다는 것이다.

북한 선교는 악한 영과 치르는 영적 전쟁이다. 성경말씀도 "우리가 싸우는 병기는 육체에 속한 것이 아니요, 오직 하나님 앞에서 견고한 진을 파하는 강력이다"라고 했다.[131] 북한을 틀어쥐고 있는 악한 영은 무너지고 하나님이 영광을 받도록 기도로 무장을 해야 한다. 치열하게 벌어지고 있는 영적 전쟁에서 북한에 있는 하나님의 백성 즉 그루터기 신앙인들과 지하교인들이 승리할 수 있도록 총력지원이 필요하다. 그들을 위해 기도로 힘을 실어주고 성경과 신앙서적, 식량과 생필품, 그리고 생활비를 지원해야 한다.

그 동안 한국교회들은 북한 선교에 관심을 가지고 북한 선교 주일을 지키면서 헌금을 해두고 있지만 북한 선교는 이다음에 때가 오면 그때 가서 교회를 짓겠다며 기다리고 있다. 통일이 되면 그때 가서 헌금해 놓은 돈을 가지고 평양, 원산, 신의주, 회령, 함흥 등으로 들어가 대형교회를 지어 북한 선교에 앞장서겠다고 한다. 하나님의 영역을 넓히기 보다

---

131) 「고린도후서」 10장 4절

내 교단, 내 교회, 한 개인의 관할영역을 넓히겠다는 것이다.[132)]

아주 잘못된 생각이다. 통일이 되고 북한에 종교의 자유가 허락되면 일차적인 영적 전쟁은 끝난다. 치열한 영적 전쟁이 벌어지고 있을 때는 외면을 하고 있다가 전쟁이 끝나면 북한에 가서 교회를 짓겠다면 이미 때는 늦는다. 일차적인 영적 전쟁이 끝나면 한국교회가 해야 할 중요한 일도 같이 끝날 것이다.

통일이 되면 한국교회들은 북한에 돈을 가지고 들어가 군림하는 것이 아니고 지하교회 교인들로 하여금 하나님의 영광을 스스로 회복하도록 돕고 후원하고 조력한다는 자세를 가져야 한다. 북한 지하교인들을 중심으로 재중 탈북 기독교인, 한국에 나온 탈북 기독교인들이 북한의 고향 땅으로 돌아가 교회를 짓고 평양대부흥운동과 같은 성령운동을 재현시키도록 뒷받침해주어야 한다.

5) 기독교인의 역할

(1) 복음으로 '백두혈통 무력화'

무엇보다 통일이나 북한 선교를 앞당기기 위해서 기독교인들이 해야 할 일은 우상화 체제인 북한의 수령체제와 '백두혈통' 그리고 '최고존엄' 개념을 무력화 시키는 것이다. 북한의 변화를 저해하는 가장 큰 요인은 김일성, 김정일, 김정은에 이르는 '백두혈통'을 지키려는 북한의 신정체제이기 때문이다. '백두혈통'이 건재하는 한 남·북통일이나 북한 복음화는 요원하다.

북한의 '백두혈통'을 변화시키기 위해서는 북한을 '아래로부터' 변화

---

132) 북한교회 세우기 연합회는 북한문이 열리면 10년 사이에 3,000개 교회 재건을 포함해 1만 5000개의 교회를 설립하기로 했다. 「국민일보」, 2006.10.28

를 끌어내야 한다.[133] 북한 복음화 등으로 주민들의 민주의식을 고취시켜 '아래로부터' 압박을 주어 수령독재 체제를 무력화 시켜야 한다. 이 영적 전쟁에서 승리를 거두기 위해서는 하나님의 말씀을 앞세운 기독교인들이 앞장서야 한다. 이 영적 전쟁에서 승리를 해야 통일도 이룰 수 있고 북한의 복음화도 가능하다.

북한에는 이미 개방의 바람이 일고 있고, 장마당을 통한 시장경제가 활성화되고 있어 북한의 '백두혈통'을 침식시키는 일들이 진행되고 있다. 거기에다 인권을 무시할 수 없는 국제사회의 강한 압박이 '백두혈통'의 목을 조인다면 결국 체제는 무너지고 모든 주민들이 주인이 되는 체제가 일어서게 될 것이다. 기독교적인 차원에서도 통일을 앞당기고 고통받는 북한주민들을 상대로 구제하고 선교하는 일에 적극 참여해야 한다.

'백두혈통' 체제에서 북한주민들은 정권으로부터 일탈되어 있으며, 김정은의 무차별한 공포정치 때문에 군인이나 정부관리들도 체제에 대한 충성심이 크게 떨어져 있다. 특히 부정부패가 만연하여 돈이면 죽을 사람도 살리는 풍토가 되었다.

한 마디로 북한의 변화는 북한 복음화가 중심이 되어 '아래로부터' 시작해서 '백두혈통'을 깨는 전략이다. 북한에 성경을 보내고, 복음풍선을 날려 보내고, 북한주민들을 상대로 대북 복음방송을 지속해야 한다. 재중 탈북민들을 신앙훈련을 시켜 북한에 들어가 지하교회 지도자로 활동케 하고 조선족 보따리 장사들을 통해 신앙서적 투입으로 북한 복음화에 기여하도록 해야 한다.

---

133) 북한의 지도층을 변화시키는'위로부터'의 방법은 그 실현성이 없음이 이미 드러났다.

(2) '강하고 담대하게'나서야

남·북한 통틀어 단일세력으로 제일 큰 것은 1천만을 헤아리는 기독교이다. 하나님의 뜻을 받들어 북한의 복음화와 민족통일 역사에 '강하고 담대하게' 나서야 한다. 정치는 권력을, 경제는 이익을 바라보나 기독교는 민족의 복음화와 통일을 목표로 하기 때문에 정치나 경제적 측면에서는 손해 볼 줄 알아야 한다. 북한주민들을 직접·간접적으로 접촉의 기회를 확대하고 손해 보는 봉사를 통해 여리고성과 같은 난공불락의 성이 주님의 품으로 떨어져 들어오도록 적극적인 대북 선교와 민족통일의 기반을 이뤄내야 한다.

1989년 9월 동독의 비밀 예배처소가 중심이 되어 독재정권을 반대하는 시위를 했고, 특히 라이프치히 니콜라이교회가 시민들에게 독재를 반대하고 민주를 지향하는 비전을 제시하면서 수 천명의 시위를 이끌어 동독정부가 붕괴되면서 독일 통일을 이뤘다는 것을 기억해야 한다. 지금 한국교회는 북한 지하교회 교인들을 지원하는 것을 통해 힘을 길러 통일을 앞당기도록 하는 적극적인 자세가 필요하다.

(3) 한국교회 자체의 개혁

남·북통일을 준비하는 한국교회 자체의 개혁이 선행되어야 한다. 교회나 교단들 사이의 불화, 경쟁, 상대방을 비하하는 태도 등을 버리고 교회 안에 팽배한 물질주의적 축복 개념도 벗어나야 하고, 이데올로기나 정치에 지나치게 구애를 받지 말고 기독교 정신을 구현해 나가는데 역점을 두어야 한다. 모든 교회가 연합하여 하나의 교회가 되어 그리스도의 이상을 실현시켜야 한다.

(4) 북한주민의 재사회화

통일 후 남·북한 주민들과 함께 살 수 있도록 하는 북한주민의 재사회화 문제도 미리부터 신중히 생각해야 한다. 북한주민들의 생활 양식은 위에서 지시하고 시키는 대로만 일을 하면 경쟁을 하지 않아도 살 수가 있는 체제이다. 그러나 한국 사회는 자유경쟁사회이기 때문에 북한 주민들이 낙오될 가능성이 크다.[134)]

통일이나 대북 선교는 재사회화의 프로그램과 함께 진행되어야 한다. 남한주민들과 특히 이 분야에 관심 있는 기독교인들에 대한 특별교육이 필요하다. 북한주민들의 정서를 알고 재사회화 목적을 이룰 수 있는 방법으로 통일을 준비하고 북한 선교를 해야 한다. 귀순자들이나 탈북민들의 재사회화 과정을 북한주민들에게 은밀하게 소개할 수 있어야 한다. 이러한 노력들이 바로 민족통일과 북한선교를 앞당길 수 있는 길이다.

6) 우리의 기도

수령이 곧 신이 되는 견고한 신정체제가 구축되어 있는 북한정권을 타파하는 강력한 무기가 곧 복음을 전하는 것임을 알아 북한선교가 활발하게 일어나기를 하나님께 아뢰며 간구합니다.

첫째, 북한을 지배하는 견고한 수령체제보다 더 크고 강한 분이 하나님이심을 선포합니다.

예레미야 28장 2절에 "만군의 여호와 이스라엘의 하나님이 이같이 일러 말씀하시기를 내가 바벨론의 왕의 멍에를 꺾었느니라" 말씀하신 만군의 여호와 하나님께서 73년 동안 북한을 지배하는 수령숭배의 모든 악한 세력을 파하사 능히 바람과 같이 흩으실 능력이 되심을 선포합니다. 그리고 고린도후서 10장 4절의 "우리의 싸우는 무기는 육신에 속한 것이 아니요 오직 어떤 견고한 진도 무너뜨리는 하나님의 능력이라 모든 이론을

134) 탈북자 여만철씨 부인 이옥금씨는 "북에서의 생활은 한마디로 '되는대로', "'시키는 대로'살아가는 것입니다"라고 했다.

무너뜨리며" 하심과 같이 북한주민들 또한 하나님의 크신 능력 앞에 무릎 꿇고 경배하게 하옵소서.

둘째, 남·북한이 복음으로만 통일을 이루도록 역사하여 주옵소서.

에베소서 2장 14절에 "그는 우리의 화평이신지라 둘로 하나를 만드사 원수 된 것 곧 중간에 막힌 담을 자기 육체로 허시고" 말씀하신 주의 복음이 굳게 닫힌 북한의 빗장을 열도록, 하나님의 백성된 우리가 북한선교에 적극적으로 나서게 하옵소서. 그리할 때 '내가 통일을 이루리라!' 약속하신 그 언약이 성취되는 날이 속히 임하도록 역사하여 주옵소서.

셋째, 한국교회가 지금 북한선교에 열심을 다하게 하옵소서.

이사야 61장 1~3절에 "주 여호와의 영이 내게 내리셨으니 이는 여호와께서 내게 기름을 부으사 가난한 자에게 아름다운 소식을 전하게 하려 하심이라 나를 보내사 마음이 상한 자를 고치며 포로된 자에게 자유를, 갇힌 자에세 놓임을 선포하며 여호와의 은혜의 해와 우리 하나님의 보복의 날을 선포하여 모든 슬픈 자를 위로하되 무릇 시온에서 슬퍼하는 자에게 화관을 주어 그 재를 대신하며 기쁨의 기름으로 그 슬픔을 대신하며 찬송의 옷으로 그 근심을 대신하시고 그들이 의의 나무 곧 여호와께서 심으신 그 영광을 나타낼 자라 일컬음을 받게 하려 하심이라" 말씀하신 여호와 하나님, 지금은 그 어느 때 보다 북한 선교를 하는 것이 어려운 환경입니다. 그럼에도 우리의 힘과 능력이 아닌 갇힌 자에게 놓임을 선포케 하라는 주의 말씀에 순종하여 한국교회와 성도들이 고난 중에 믿음을 지키는 북한성도들을 위해 기도하며 성경과 신앙서적 등을 보내며 힘써 북한 선교를 감당하게 하옵소서. 그리할 때 북한체제가 무너져 내리고 굳게 닫힌 북한의 문이 활짝 열리게 하여 주옵소서.

넷째, 우리가 북한을 힘써 알아 선교전략을 세우고 효과적인 북한 선교를 감당하게 하옵소서.

잠언 24장 5~6절에 "지혜 있는 자는 강하고 지식 있는 자는 힘을 더하나니 너는 전략으로 싸우라 승리는 지략이 많음에 있느니라" 말씀하신 여호와 하나님, 우리로 북한에 복음을 전할 때, 우리 중심이 아닌 북한의 체제, 사회, 문화, 사람에 대해 아는 일에 힘쓰고, 그리한 후에 하나님께 지혜를 구하며 최적의 선교전략을 세워 복음을 전함으로 하나님을 알지 못하는 수많은 북한주민들이 주께로 돌아오는 역사가 일어나고, 북한 땅에 하나님의 나라가 임하는 영광을 보게 하여 주옵소서.

다섯째, 먼저 한국교회가 주의 진리와 거룩함을 회복하게 하옵소서.
요엘 2장 12절에 "여호와의 말씀에 너희는 이제라도 금식하고 울며 애통하고 마음을 다하여 내게로 돌아오라 하셨나니" 촉구하신 거룩하신 하나님, 세속화와 물질주의에 빠져 허우적거리고 있는 한국교회와 성도들 그리고 우리의 죄악을 회개하오니 용서하여 주옵소서. 세상의 빛과 소금이 되어야 할 교회가 믿음의 정절을 잃어버리고 세상의 조롱을 받고 하나님의 이름을 더럽히고 죄악에서 떠날 것을 결단하고, 내가 거룩하니 너희도 거룩하라 말씀하신 하나님의 거룩함으로 옷을 입게 하옵소서.

예수 그리스도의 이름으로 기도합니다. 아멘

Ⅴ. 한·미 동맹에 대한 올바른 이해

1. 최근 한·미간의 대북 견해 충돌
2. 대북정책에 대한 한·미 시각과 입장의 차
3. 어떻게 극복할 것인가
4. 우리의 기도

5

한·미 동맹에 대한 올바른 이해

1. 최근 한·미간의 대북 견해 충돌

1) 미국의 한국에 대한 대북제재 위반 경고

미 국무부가 우리말로 된 대북제재 주의보를 발간했다. 사실상 한국을 향해 제재 위반 가능성을 경고한 것이다. 이런 상황에서 통일부가 제재 위반 소지가 큰 개성공단의 재가동 필요성을 언급하자 미 의회는 초당적으로 "개성 공단 재가동은 중대한 실수가 될 것"이라고 경고했다.[135)]

미 국무부는 최근 발표한 '대북제재 및 집행 조치 주의보'란 대북제재 가이드북에서 한국의 북한산 석탄 반입을 꼽았다. 북한산 석탄은 유엔 안보리 결의로 수입이 전면 금지된 품목이다. 의혹 수준을 넘어 실제 제재 위반으로 판명돼 미국의 블랙리스트에 오를 경우 국제 거래가 제한될 우려가 있다. 최악의 경우 미국 정부가 제3국 기업의 달러 거래를 막는 '세컨더리 보이콧'을 적용하면 사실상 국제 금융 거래에서 배제될 수도 있다.

그럼에도 불구하고 청와대는 9월 18~20일 평양에서 열리는 남·북정상회담 특별 수행원으로 대규모 대기업 총수들을 포함시켰는데 이는 북한의

---

135) 『조선일보』 2018. 8.3

요청에 따른 것이다. 남·북 경협을 염두에 둔 것으로 유엔의 대북제재 대상이 될 수 있을 것이다. 한편 "VOA는 최근 북한산 석탄의 국내 밀반입 의혹 판문점 선언 오역 논란"등의 현 정부에 껄끄러운 보도를 한 것이 작용해서 청와대 단체 카톡방에서 나가달라고 했다는 것이다.[136)]

2) 개성 남·북사무소, 한·미 공조 파열음

미 국무부는 8월 23일 개성공단 내 남·북공동 연락사무소 설치를 위해 한국측이 제공한 물자들이 대북제재를 위반하는지 검토할 뜻을 밝혔다. 그러나 우리 정부는 이를 '주권문제'로 간주하며 미국의 동의가 없더라도 계획대로 연락사무소를 개소했다. 한·미가 그 동안 물밑에서 협의를 했지만 제재 면제 여부와 관련해 완전한 합의를 보지 못한 것이다.

외교 소식통은 지난 8월 24일 "특정 물품이 제재에 걸리느냐 아니냐는 부차적인 문제"라며 "이 과정에서 양측간 근본적인 신뢰가 흔들리면서 비핵화 공조에 균열이 생길 수 있다는 게 우려스럽다"고 했다.[137)]

미 국무부 대변인 헤더 나워트는 공동 연락 사무소 역시 비핵화 진전과 보조를 맞추는데 예외가 아니라고 했다. 미 국무부가 동맹국인 한국의 '제재위반' 가능성을 언급한 것은 한국 정부에 대한 불편함을 표출한 것이다. 워싱턴 사정에 밝은 외교 소식통은 "비핵화에 뚜렷한 진전이 없는 상황에서 미국은 '조만간 기다려 달라'고 하고 있는데 한국 정부는 계속 속도를 내고 있다"며 백악관 국가안보회의(NSC)와 국무부에서 모두 한국에 대한 불만이 나오고 있다"고 전했다.

이런 상황에서 개성공단에 들어서는 남·북 공동연락 사무소가 9월 14일

136) 청와내, 美내세 VOA에 돌연 "나가라" 『조선일보』 2018. 7. 15
137) 개성남·북사무소 한·미 공조 파열음" 『조선일보』 2018. 8. 25

문을 열었다. 정부는 연락사무소 운영을 위해 내년도 예산에 83억원을 배정할 계획이다. 전기는 남측에서 배전 방식으로 공급된다. 통일부 당국자는 발전기용 중유 반입 때문에 미국과 문제가 있었지만 우리 측에서 배전 방식으로 전기공급을 하면서 해결됐다"고 말했다.[138)]

3) 문 대통령 경협 구상과 미국의 대북 추가제재

미국정부가 8월 15일 문재인 대통령이 광복절 경축사를 통해 동아시아 철도 공동체 구상을 밝힌 직후 대북 추가 제재를 발표했다. 남·북관계 진전보다 비핵화 협상이 먼저라는 미측의 입장을 우회적으로 표출한 것이다. 그럼에도 문 대통령은 8월 16일 '판문점 선언'의 국회비준을 요청하는 등 대북 문제에 속도를 내겠다는 의지를 재확인했다.

미 재무부는 이날 북한과 불법거래에 관여한 중국과 러시아 업체 3곳과 개인 1명을 제재한다고 밝혔다. 미 국무부와 재무부는 문 대통령의 남·북 경제 협력 구상과 관련해 즉답을 피했다.[139)]

4) 문 대통령의 대북 특사단에 대한 미국의 입장

미국에서 문재인 대통령이 대북 특사단 파견에 대해 "한·미 관계도 고려해야 한다"는 목소리가 나왔다고 미국의소리(VOA)방송이 보도했다.[140)] 로버트 갈루치 전 국무부 북핵 특사는 9월 3일 VOA에 "실질적인 비핵화 조치 전에 남·북관계를 개선하려는 북한과 북한에 대한 최대 압박을 유지하겠다는 미국 사이에서 한국이 어려운 상황에 처했다"며 "특사단 방북 후

---

138) 『조선일보』 2018. 9 13

139) "문 대통령 경협구상 밝힌 날...美, 대북추가 제재 발표" 『조선일보』 2018. 8. 17

140) 미국의 소리 (VOA) 방송 2018. 9. 3

미국이 선호하는 방향에서 벗어난 한국의 대북관계와 대화가 이어진다면 한·미 관계가 악화될 가능성이 있다"고 말했다. 그는 특사단이 남·북 대화의 톤을 긍정적으로 유지하고 관계 악화만 피해도 절반의 성공을 거둔 것"이라고 했다.[141)]

5) 미국의 대북제재

한국과는 달리 미국은 제재만이 북을 협상으로 끌어낼 수 있다고 주장한다. 트럼프 행정부의 대표적 '대북매파'인 니키 헤일리 유엔주재 미대사는 "불행하게도 제재가 북한의 관심을 끌 수 있는 유일한 방법"이라며 "트럼프 대통령의 거친 말과 북한을 고립시키려는 국제 사회의 노력이 북한을 협상 테이블로 이끌었다"고 평가했다.[142)]

미국은 18~20일 남·북 정상회담의 김정은 친서 등으로 교착 국면에 돌파구가 생길 수 있다는 기대가 높아지고 있지만 비핵화 이전에는 압박의 고삐를 늦추지 않겠다고 피력한다. 한·미 공조의 토대 위에 있지 않은 남·북 관계의 진전은 불안하다. 그럼에도 불구하고 정부는 남·북 정상회담을 거대한 남·북 화해 이벤트로 만들고 싶어하는 조급증을 보여준다. 지금은 대화와 압박이라는 두 축을 정교하게 당겼다 놓았다 하며 북한을 비핵화 실행의 문턱 너머로 견인해야 하는 결정적 시점이고, 한·미는 같은 목적을 가지고 같은 방식으로 북한을 압박해야 한다.

---

141) 『동아일보』 2018. 9. 5

142) 『동아일보』 2018. 9. 6

6) 문 대통령 "북 현재 핵 폐기-미 상응조치 취해야"

문재인 대통령이 미·북 비핵화 협상과 관련해 "북한은 자신들이 취한 조치는 하나 하나가 불가역적인 조치인데 우리 (한·미) 군사훈련 중단은 언제든 재개 할 수 있는 것 아니냐고 생각하는 게 미·북 교착의 원인"이라고 말했다. 북한은 풍계리 핵실험장, 총창리 미사일 엔진 실험장 폐쇄 등의 조치를 했는데 미국은 북한이 원하는 종전선언에 대해 여전히 반대하고 있다고 했다.[143] 미·북 핵 협상에서 한국은 미국보다 북한의 입장을 두둔하는 말로 여겨질 수도 있는 발언이다. 그러나 다른 한편에서는 북한이 국제사회의 반응을 얻으려면 핵 물질과 설비에 대한 신고와 검증이 있어야 한다고 주장하고 있다.

7) 미국의 '선 북핵 리스트, 후 종전 선언'

결국 미국은 '북한의 핵 리스트 신고 전에는 종전선언은 없다'는 입장이지만, 한국 정부는 북한 설득을 위해 선택지를 넓힐 필요가 있다는 뜻을 전한 것으로 알려졌다.

미국 내 대표적 대화파 전직 관료들이 "한국 정부가 남·북 관계에 지나치게 치중할 경우 한·미관계에 균열이 갈 수 있다"고 경고했다. 9월 18일 시작되는 남·북 정상회담을 앞두고 과속을 경고하는 목소리가 본격적으로 나왔다.

143) 문 대통령 "북 현재 핵 폐기-미 상응조치 해야" 『동아일보』 2018. 9. 14

8) 남·북이 이룰 진전은 한·미 균열 위험

로버트 갈루치 전 미 국무부 북핵특사는 VOA에 "문재인 대통령이 미국이 바라는 속도보다 빨리 북한 당국과 일을 진행해야 한다는 압박감을 느끼는 것이 우려스럽다"며 한국은 제재에서 후퇴해 북한과의 관계를 늘리려고 하지만, 남·북이 이룰 진전은 한·미 관계에 균열을 일으킬 위험이 있다"고 했다.[144]

남·북 정상회담을 앞두고 한국 정부와 미국 분위기는 정반대다. 우리 정부가 대북 유화책을 내 놓을 때마다 미국이 대북제재를 강조하는 상황은 우연으로 보기 어렵다. 북이 핵시설을 폐쇄하고 핵무기를 없애는 실질 행동을 하기 전까지 대북제재를 훼손하지 말라는 메시지로 보인다.

2. 대북정책에 대한 한·미 시각과 입장의 차

1) 미국의 '악의 축' 국가 대 한국의 대북화해협력

한국과 미국은 대북정책과 관련, 몇 가지 측면에서 다소의 시각 또는 입장 차이를 보이고 있다. 첫째, 북한을 보는 한·미간의 시각과 인식의 차이다. 미국은 북한을 자신의 유일 초강대국 안보체제에 적응하길 거부하는 종래의 단순한 탈법국가에서, 이제 미국의 본토를 위협할 수 있는 '악의 축' 국가, 그리고 미국의 안보를 위협하는 테러 세력에게 대량살상무기를 언제든지 팔 수 있는 테러지원 국가로 인식되고 있다. 따라서 미국에게 있어 북한은 냉전기 보다 더욱 위험한 적이 되었으며, 한·미동맹은 이러한 적에 공동으로 대처하는 앞으로의 효율적인 수단이어야 한다는 인식이 강조되었다.

144) 북 비핵화 행동 전엔 종전선언 불용" 『조선일보』 2018. 9. 15

특히 미 행정부는 북한을 자신의 주민들을 기아 상태로 처하게 한 독재국가이자 제네바 합의를 어기고 핵 계획을 계속 추진해온 '불량국가'로 규명하면서 대북 강경정책을 지속적으로 추진해왔다. 미국은 한국정부의 대북전력 지원 고려에 부정적인 입장을 취했고, 남·북 정상회담에 따른 남·북화해시대의 개막으로 주한미군의 존재 이유가 약화되면서 북한 핵개발을 문제 삼아 결국 남·북관계도 소강상태로 빠지게 되었다.

반면 한국 내에는 북한이 포용과 관여의 대상이어야 한다는 인식이 확산되면서, 한·미동맹은 북한을 포용하는 공동 포용의 효율적 계기가 되어야 한다는 것이다. 김대중 정부는 냉전시대와 달리 중국과 러시아가 북한의 무력행동을 지원하지 않고 오히려 북한의 오판을 억제하여 한반도의 안정과 평화를 도모하는 상황이 되었다고 보았다. 그래서 한국정부는 북한의 공산권 붕괴와 국제적 고립에서 오는 안보 위기감을 대량살상무기 개발 등으로 극복하려는 동기를 제어하기 위하여, 북한의 경제적 생존과 개혁을 일정한도 내에서 지원하고 국제사회에 포용하는 대북화해 협력정책을 쓰면 북한이 남침의지를 포기할 것으로 판단했다. 즉 북한의 남침 억제력을 유지하기 위한 충분한 국방력을 배양하면서 북한 정권의 생존 보장을 약속하여 북한의 안보딜레마를 해소해 줌으로써 우리의 안보를 강화시키려고 했다.

또한 노무현 정부 역시 이러한 대북 화해협력 정책을 더욱 발전시켜 북한이 핵개발을 포기한다면 대규모 경제협력 정책을 펼치려 했다. 이어 현 정부는 남·북화해 협력을 기반으로 중국과 일본의 협력을 얻어 유라시아 대륙으로 뻗어가는 동북아 중심 국가를 건설하겠다는 포부를 가지고 있다.

2) 미국의 대북체제 전환과 한국의 대북 핵·미사일에 역점

한·미는 대북전략 목표 설정과 추진에서 다른 입장을 취하고 있다. 미 행정부는 북한을 고립, 봉쇄하고 체제 전환을 시켜야만 북핵의 본질적 해결이 가능하다고 파악하고 있다. 그러나 한국 정부는 체제 전환이라는 장기적 목표보다 당장 시급한 핵과 미사일 문제에 역점을 두어야 한다고 주장하고 있다. 특히 북한의 체제 전환을 전략적 목표로 설정할 경우 군부를 포함한 북한의 강경세력 입지를 강화시켜 줄 뿐 아니라 북한 내부의 응집력을 높여 체제 존속을 더욱 공고히 해줄 수 있기 때문에 사태 해결이 더 어려워 질 수 있다고 본다.

전략 추진과 관련, 한국 정부는 북한의 핵 포기 선언과 미국의 대북 안보 보장을 동시에 교환함으로써 전환 국면을 조정하는 것이 바람직하다고 주장하는 반면 미국은 '선 해체, 후 대화'라는 기존입장을 고수하고 있다. 또한 미국은 북한이 고농축 우라늄 프로그램을 은밀히 개발함으로써 제네바 기본 협약을 위반했기 때문에 그에 합당한 대가를 치러야 한다는 것이다. 그러나 한국정부는 북한을 범죄자가 아니라 정당한 협상 상대로 인정해주고 핵사찰, 검증, 해체에 협조적으로 나올 때는 보상을 해주고, 협조를 거부하고 '벼랑 끝 외교'로 일관할 경우에는 응징하는 당근과 채찍이라는 이중적 전략을 취해야 한다는 입장이다.

북한과의 대화 전략과 관련, 부시행정부는 직접대화는 있을 수 없다는 입장이었다. 클린턴 행정부가 북한과의 직접대화를 통해 협상을 했지만 결국 얻은 것은 북한으로부터 받은 배신 뿐이었다. 북핵은 미국만의 문제가 아니라 핵확산 방지라는 세계적 약속으로 보고 있어 미국은 다국간 협상을 주장하고 있다. 북한과 단독 대화로 풀자면 대가를 치러야 한다. 대가를 치르게 되더라도 협상에 참여할 국가들이 공동으로 부담하자는 전제가 깔려 있다. 그러나 트럼프 대통령은 미·북 직접 대화를 택했다. 북한의 주장대로 미·북 대화로 풀게 되면 미국의 부담은 어쩔 수 없이 커질 수밖에 없다. 또 여러 나라들이 함께 설득해서도 안 되면 미국이 무력으로 해결할 수 있는 정당성도 확보가 된다. 따라서 다자주의 채널을 통해 북한에 대한 다중적 압력을 가해야 한다는 입장이다. 이에 대해 한국정부는 가급적 다자주의 틀 안에서 미·북 간 양자 대화를 통하여 현 사태에 대한 돌파구를 마련해야 한다고 본다.

3) 북핵 상황을 보는 한·미 시각 차

한국과 미국은 현 북핵 상황을 보는 시각의 차이를 뚜렷이 나타내고 있다. 미국은 북한의 고농축 우라늄 프로그램 보유 발언을 '위기'로 판단하고 북한에 대한 중유공급을 중단한 바 있다. 그러나 미국은 이라크 전쟁을 시작하고 북한과 현상유지를 원하면서부터는 북한이 영변 핵시설을 재가동하고 사용 후 연료봉을 재처리 하기 일보직전인데도 현 상황을 위기가 아니라고 태도를 바꾸고 있다. 반면 한국정부는 현 북핵 상황을 위기로 간주하고 있다. 사용 후 연료봉 재처리는 북한의 핵 보유를 기정사실화 하거나 아니면 미국의 군사 대응이란 최악의 상황을 야기시킬 수 있기 때문이다.

4) 미국은 대북협상카드로 군사행동 명시, 한국은 반대

미국은 대북 군사 행동도 협상카드로 명시하려고 하는 반면 한국정부는 이에 반대하고 있다. 미국 부시정부는 북한과의 대화를 촉구하는 국내외적 비판에 처해 대북대화를 시작하겠다고 천명했다. 단 대화는 북한이 국제사회와의 약속을 어떻게 이행할 것인가에 대한 것일 뿐 유인제를 상정하는 협상이 아님을 분명히 했다. 북한은 이를 '오만한 태도'로 규정하고 미국의 '대북 압살·적대시' 정책을 비난하면서 NPT 탈퇴를 선언하였다.

물론 북한이 핵무기 생산의지를 부인하였지만, 북핵문제가 UN 안보리로 회부됨으로써 대북제재와 그에 따른 핵위기의 가능성은 높아지고 있다. 최악의 경우, 미 행정부는 북한 핵시설에 대해 외과 수술적 폭격을 감행할 수도 있다.

이럴 경우, 한반도 정전협정은 폐기될 수 있을 것이며 미국의 작전 통제 밑에 대부분의 한국군은 북한군과 교전해야 하는 상황으로 빠져들게 될지도 모른다. 따라서 북한은 주한미군, 주일미군 또는 미국의 동맹국인 한국군을 향해 보복공격을 가할 가능성이 있으므로 한반도에서 대규모 전쟁이 발생할 가능성이 높다. 여기에서 한국은 승부와는 관계없이 많은 것을 잃게 될 것이 분명하다. 적어도 이런 상황은 피해야 하기 때문에 한국은 미국이 협상 선략으로 군사행동 카드를 전면에 내놓는다면 이는 바람직하지 않는 것으로 보고 있다. 물론 효과적인 협상을 위해서는 가지고 있는 모든 카드의 사용을 배제할 필요는 없지만, 북한과 같이 '벼랑끝 전술'을 일상적으로 추구하고 있는 모험적 정권을 다루는 데는 보다 신중한 군사전략이 필요하다.

3. 어떻게 극복할 것인가

1) 한·미 공조로 입장 차이 조율

이러한 상황에서 우리가 할 수 있는 선택은 무엇인가? 첫째, 한·미 공조를 다져 입장 차이를 좁혀야 한다. 한국과 미국은 반세기가 넘게 전통 우방으로써 친선과 협력관계를 유지해왔다. 상대방의 입장을 이해하는 기초 위에 대북전략을 공유해야 한다. 상대방의 생존을 위협하는 안보적 고려가 최우선시 되어야 할 것은 당연한 일이다. 한·미는 대북전략과 관련 분명한 입장 차이가 있음을 인정하고 동맹이라는 대승적 틀 안에서 좁혀 나가야 한다. 한·미 공조 없이는 북핵문제를 비롯한 남·북관계도 순조롭게 풀어낼 수 없음을 한국과 미국은 서로 인정해야 한다. 한국을 배제한 미국의 독자 행동도, 미국을 소외시킨 민족 공조도 모두 한반도의 파국을 가져올 수 있다는 인식 밑에 현 사태를 슬기롭게 풀어가야 한다.

2) 감상적 판단 자제 냉철한 입장 견지

주변 상황과 주장하는 결과에 대해서 감상적 판단을 자제하고 보다 냉철한 입장을 견지해야 한다. 미국의 대이라크 전쟁을 무조건 반대하는 것이 미국의 대북강경정책을 누그러뜨리는데 반드시 도움이 될 것으로 기대하는 것은 잘못이다.

또한 젊은이들의 촛불시위와 주한미군 철수 주장이 우리의 대북정책과 관련, 어떠한 영향을 미칠 것인지 현실적인 판단이 절실히 요구된다. 미국의 '동북아 신안보 구상'에 따라 이 지역에서 중국 견제를 목표로 해.공군력을 강화시키고 지상군을 감축시킨다는 전략이 이미 추진되고 있는 상황에서 '한·미 관계를 검토하고 재조정하자'는 요구를 계속 한다면 미국은 부담 없이 주한미군을 후방으로 이동시킬 수 있을 것이다.

3) 미군의 '인계철선' 역할 유지

그 결과는 미군의 '인계철선' 역할이 제거된 상황에서 한국군을 상대로 북한은 잦은 무력도발을 야기 시키고, 정세를 불안하게 만들어 한국의 경제상황을 악화시킬 수 있다. 이에 못지않게 중요한 것은 주한 미군의 후방이동으로 미국은 미군 피해 없이 북한 공격을 용이하게 할 수 있는 여건을 우리가 만들어 주는 셈이다. 따라서 주한미군 철수 주장이 민족자주권을 높이는 데는 기여할는지 모르지만 한반도의 불안 조성과 전쟁의 가능성을 높일 수 있다는 측면도 간과해서는 않된다.

4) 북한을 처벌이 아닌 활용대상으로

미국은 북한을 처벌이 아닌 활용대상으로 대북전략을 다시 수정해 볼 수도 있을 것이다. 물론 그 동안 북한은 미국이 준 기회를 제대로 활용하지 못했지만 위기가 긴박해진 상황이어서 미국이 다시 시도해보는 것도 생각해 봐야 한다.

5) 북한의 농축우라늄 실체를 밝혀야

북한의 우라늄농축 프로그램의 실체를 밝혀야 한다. 이 문제를 두고 북한과 미국은 엇갈린 주장을 하고 있다. 미국은 북한이 우라늄농축 프로그램을 보유하고 있다는 것을 시인했다는 것이다. 북한은 미국 특사가 근거 자료도 없이 그런 식으로 덮어 씌웠다고 주장한다. 중요한 것은 미 정부든 북한이든 우라늄농축 프로그램의 실체에 대해 물적 증거나 그에 대한 해명을 적극적으로 제시하지 않고 있는 것이다.

우라늄농축 프로그램의 증거를 미 정부가 먼저 북한에 제시했다면, 미국은 북한에 제시했다는 증거를 국제사회에 공개할 필요가 있다. 특히 그 프로그램이 현재 상태에서 핵무기화 할 수 있는지 또는 그 규모는 어느 정도로 추정되는지 밝혀야 한다.

한편 북한은 핵 문제에 대한 모호한 발언을 자제하고 우라늄농축 프로그램에 관한 미국의 증거제시에 대해 확실하게 반응해야 한다. 실체가 없는데도 미 정부가 조작해낸 것이라면 그 사실을 국제 사회가 납득하도록 구체적 자료를 제시해야 한다. 그래야 미 정부의 대북제재의 명분을 효과적으로 제거할 수 있다.

북한은 미 정부와 맞서기만 할 것이 아니라 미 정부가 일정한 태도 변화를 보일 경우 이를 긍정적인 신호로 받아들여야 한다.

북한은 경제적 보상을 겨냥한 대미협상을 추구하기 보다는 대량살상 무기 개발 문제를 순리에 따라 해결함으로써 북한 체제에 협조하고 북한을 돕고자 하는 주변 국가들이 많이 늘어 나도록 하는데 지혜를 모아야 한다.[145]

4. 우리의 기도

그 어느 때보다 강도 높은 대북제재를 통해 북한의 비핵화를 실현하려는 미국과 이와 반대로 급진적인 대북관계의 속도를 내고 있는 한국이 서로 다른 대북정책을 펼치고 있어 우려되는 문제들을 하나님의 손에 올려드리며 간구합니다.

첫째, 한국과 미국의 서로 다른 대북정책이 결과적으로 하나님이 원하시는 정책으로 조정되어 한반도의 평화를 가져올 수 있도록 긍휼을 더하여 주옵소서.

사무엘상 2장 30절에 "그러므로 이스라엘의 하나님 나 여호와가 말하노라 내가 전에 네 집과 네 조상의 집이 내 앞에 영원히 행하리라 하였으나

145) "미·북 70년만의 정상회담" 「조선일보」 2018. 6. 13

이제 나 여호와가 말하노니 결단코 그렇게 하지 아니하리라 나를 존중히 여기는 자를 내가 존중히 여기고 나를 멸시하는 자를 내가 경멸하리라" 말씀하신 여호와 하나님, 그 동안 한반도 평화라는 같은 목적을 위하여 한·미 동맹을 공고히 했던 한국과 미국이 북한의 비핵화에 따른 대북정책에 있어 서로 다른 방향으로 가고 있는 상황이 우려가 됨을 아룁니다. 모든 것을 완전하게 아시는 하나님께서 진정한 한반도의 평화를 가져오는 방향으로 양국이 대북관계를 논의하거 실행해 비핵화를 이루도록 긍휼을 더하여 주옵소서.

둘째, 한국과 미국의 대북정책이 한반도에서 군사충돌이나 안보 약화를 가져오는 요인으로 작용하지 않게 하여 주옵소서.

사무엘상 2장 10절에 "여호와를 대적하는 자는 산산이 깨어질 것이라 하늘에서 우레로 그들을 치시리로다 여호와께서 땅 끝까지 심판을 내리시고 자기 왕에게 힘을 주시며 자기의 기름 부음을 받은 자의 뿔을 높이시리로다 하니라" 밀씀하신 여호와 하나님, 대북제재를 강조하는 미국과 대북포용책을 견지하는 한국의 결말이 안보를 위협이 되지 않도록 다스려 주시고, 이것으로 인해 한반도에서 극단적인 군사충돌이 일어나지 않도록 주께서 다스려 주시고, 오직 선하신 하나님의 뜻만 이뤄지도록 역사하여 주옵소서.

셋째, 한국을 배제한 미국의 독자 행동도, 미국을 소외시킨 한국의 민족 공조도 모두 한반도의 파국을 가져올 수 있다는 인식을 가지고 모두가 사는 길을 택하도록 역사하여 주옵소서.

요나서 4장 8~11절에 "해가 뜰 때에 하나님이 뜨거운 동풍을 예비하셨고 해는 요나의 머리에 쪼이매 요나가 혼미하여 스스로 죽기를 구하여 이르되 사는 것보다 죽는 것이 내게 나으니이다 하니라 하나님이 요나에게 이르시되 네가 이 박넝쿨로 말미암아 성내는 것이 어찌 옳으냐 하시니 그가 대답하되 내가 성내어 죽기까지 할지라도 옳으니이나 하니라 여호와께서 이르시되 네가 수고도 아니하였고 재배도 아니하였고 하룻밤에 났다가 하룻밤에 말라 버린 이 박넝쿨을 아꼈거든 하물며 이 큰 성읍 니느웨에는 좌우를 분변하지 못하는 자가 십이만여 명이요 가축도 많이 있나니 내가 어찌 아끼지 아니하겠느냐 하시니라" 말씀하신 긍휼이 풍성하신 하나님, 한국과 미국의 위정자들이 미련하고 우매한 사람의 생각이나 결정이 아닌 모두를 살리는 하나님의 뜻에 합한 협력과 연합을 도모해 갈 수 있도록 긍휼을 더하여 주옵소서.

넷째, 북한의 우라늄농축 프로그램의 실체가 낱낱이 밝혀지게 하옵소서.
사무엘상 2장 6~9절에 "여호와는 죽이기도 하시고 살리기도 하시며 스올에 내리게도 하시고 거기에서 올리기도 하시는도다 여호와는 가난하게도 하시고 부하게도 하시며 낮추기도 하시고 높이기도 하시는도다 가난한 자를 진토에서 일으키시며 빈궁한 자를 거름더미에서 올리사 귀족들과 함께 앉게 하시며 영광의 자리를 차지하게 하시는도다 땅의 기둥들은 여호와의 것이라 여호와께서 세계를 그것들 위에 세우셨도다" 말씀하신 전능하신 하나님, 북한의 우라늄농축 프로그램의 실상이 분명하고도 낱낱이 드러나 그 근거 하에 소모적이고 지루한 북핵문제가 투명하고도 완전하게 해결될 수 있도록 역사하여 주옵소서.

다섯째, 이 땅의 주인은 하나님이시며, 주관자도 하나님 한 분이심을 선포합니다.
사무엘상 2장 35절에 "내가 나를 위하여 충실한 제사장을 일으키리니 그 사람은 내 마음, 내 뜻대로 행할 것이라 내가 그를 위하여 견고한 집을 세우리니 그가 나의 기름 부음을 받은 자 앞에서 영구히 행하리라" 말씀하신 여호와 하나님, 서로 다른 한국과 미국의 대북정책이 염려되지만, 이 모든 상황이 하나님께 속하였고, 하나님께서 다스리며 주관해 주심을 믿음으로 선포합니다. 한·미, 남·북, 미·북 관계에 있어 하나님을 경외하는 지도자들을 세우사, 저들이 오직 한반도에서 하나님이 기뻐하시는 복음통일을 이루는 그 목적만을 속히 이뤄가도록 다스려 주옵소서.

예수 그리스도의 이름으로 기도합니다. 아멘